ALEXANDRE WEILL

LA FRANCE CATHOLIQUE & ATHÉE

(RÉPONSE A « LA FRANCE JUIVE »)

« Quiconque creuse une fosse à son prochain y tombera le premier. »

Prix : 1 FRANC

PARIS
E. DENTU, ÉDITEUR
PALAIS-ROYAL, 15-17-19, GALERIE D'ORLÉANS
1886

I

Contrairement à M. Drumont qui injurie, calomnie et tire à bâbord et à tribord sur les Juifs, le tout pour le bien du judaïsme qu'il dit ne pas haïr — comme jadis ses aïeux, les Catholiques, ont pillé et brûlé les Juifs, uniquement pour sauver leurs âmes — je n'attaquerai pas les Catholiques, ces nobles, ces bons *Aryens*, d'après la nouvelle nomination des antisémites. D'abord je ne hais personne, tous les hommes, fussent-ils idolâtres ou athées, sans les croire heureux comme des pauvres d'esprit qu'ils sont, je les considère, sinon comme mes égaux, du moins comme mes frères, dignes soit de sympathie, soit de pitié. Par contre, j'attaquerai le catholicisme ultramontain, que je considère comme la source empoisonnée de tous les malheurs, de toutes les guerres civiles et internationales qui ont affligé le genre humain depuis plus de mille ans. M. Drumont est orfèvre ultramontain, je ne vois pas la raison pourquoi il me serait défendu de m'appeler Josse mosaïste. Et cependant je ne suis pas un juif esraïque, ni rabbinique, ni talmudique, comme je viens de le prouver dans ma *Vie de Moïse*, dont, avec des textes à l'appui, j'ai séparé le Jéhovah de

Justice absolue de Moïse, du Jéhovah miraculaire d'amour, d'Esra et de son école et d'où est sortie la religion de M. Drumont, soi-disant d'amour, mais qui ne fut jamais qu'une religion de haine, de peine et de chaines. Mais je ne resterai pas sur la défensive. Ce n'est point là ma manière de me battre. Prenant d'assaut le camp retranché, en jetant à tous les vents les bastions pourris, derrière lesquels les antisémites tirent sur tous les passants, sous prétexte qu'ils pourraient être juifs et que Dieu reconnaitrait les siens, je détruirai de fond en comble tous leurs retranchements et les forcerai d'accepter le combat en rase campagne et la visière levée.

Durant des siècles, les Catholiques, pour faire la propagande de la croix, s'en sont servis en guise de massue. « Crois ou meurs ! » Ce fut là leur devise. Pour empêcher les Juifs de faire des objections, au nom de la raison, à leur idolâtrie anthropophage (car jamais Moloch n'exigea autant de sacrifices humains que le juif Jésus), ils ne trouvaient pas de meilleur argument que de leur couper la langue (argument qu'ils regrettent bien d'avoir perdu, n'en ayant pas d'autre qui vaille), et pour les forcer de courber la tête devant leur idole, ils leur ont coupé les genoux, en les tenant prosternés, le talon sur le cou. Ils ne les ont massacrés ou brûlés que quand il y avait des biens juifs à piller. Les Chrétiens, contrairement même au droit romain, héritaient de ceux qu'ils assassinaient. Si par hasard, ou par un caprice de tyrans, ils consentaient d'entrer en discussion avec des Juifs, aveugles comme ils sont, ils les traînaient dans des caves souterraines et aveuglantes, pour égaliser les chances (l'image est de Pascal contre les Jésuites); mais dans ces caves mêmes, se tenait l'inquisiteur. On n'en sortait que ruiné, broyé et, ce qui pis est, converti! C'est que l'erreur qui est la nuit ne saurait entrer en discussion avec le jour, ni la folie avec la raison. Un chrétien croyant à la divinité de Jésus et de Marie, pour peu qu'il soit le maître, ne saurait tolérer dans son pays d'autres Juifs ni Juives de la même famille, dont l'existence est une protestation vivante contre la divinité de leur grand-oncle et de leur grand'tante; autant proclamer Jeanne d'Arc une déesse à côté d'autres vierges lorraines, quelque grande que soit la différence d'esprit et d'inspiration divine entre elles! Aussi, à défaut d'extermination, pour éviter toute comparaison, les Chrétiens employaient tous les moyens tyranniques et iniques pour avilir les Juifs jusqu'à l'état de brutes. C'est là encore la rage de M. Drumont. Il voudrait les avaler tous. Il est tellement affamé de juif, qu'il s'approprie le premier chrétien venu qui passe devant sa plume, en s'écriant, comme dans *les Saltimbanques* : Ce juif doit être à moi, et comme il ne peut pas le digérer — car le juif est indigeste — il le vomit par le haut et le bas sur tous ses lecteurs qui s'en vont, en se bouchant les narines.

II

Cet état de choses a changé avec Luther, Zwingli, Reuchlin, Hutten, Munzer, Calvin et une cinquantaine d'autres célèbres prédicateurs allemands et français, qui déjà dans le XVIe siècle ont publié nombre de pamphlets contre le catholicisme papiste, qui n'a dû son salut qu'aux Anabaptistes communistes, évangélistes, comme les conservateurs monarchico-ultramontains de nos jours espèrent trouver le leur dans les agissements de nos anarchistes collectivistes, pour peu que ces derniers continuent, conjointement avec le Conseil municipal, de jouer leur jeu. Sans avoir recours aux écrits de Pascal, qui s'est *abêti*, comme il le dit lui-même, pour redevenir catholique, sans citer Montesquieu, Descartes, Molière, Voltaire et Diderot, je n'aurais qu'à traduire ces pamphlets dont j'ai une collection, pour foudroyer la religion judéophobe et judéophage de Drumont et de Daudet, au profit de laquelle ils demandent courageusement que leurs alliés les athées aillent les piller et les expulser. Je n'irai pas répéter les invectives de Luther et de Munzer, appelant les catholiques des adorateurs des pains à cacheter ; mais je tiens tout de suite à reproduire les idées de Voltaire sur cette accusation infâme que Drumont répète à satiété, au sujet du sang chrétien avec lequel les Juifs, disent les antisémites, pétrissent leurs pains de Pâques. Or, cette accusation date des Romains, *non contre les Juifs, mais contre les Judéo-Chrétiens*, qui, parce qu'ils croyaient boire le sang de Jésus dans leurs coupes sacrées, étaient accusés d'user du sang humain dans leurs rites mystérieux. « Les Juifs, dit Voltaire, ne boivent même pas le sang des animaux, qui leur est défendu par Moïse, et cette fausse accusation contre eux ne fut jamais qu'un prétexte infâme pour les piller et pour violer leurs femmes et leurs filles. » Après tout, ajoute Voltaire, de son rire sardonique, c'est bien fait pour eux ! Pourquoi ont-ils inventé le christianisme! » L'antisémitisme de Drumont et de Daudet n'est qu'un masque religieux pour cacher leur nudité spirituelle; comme ce mauvais peintre de coqs dont parle Montaigne (il est vrai que Drumont l'accuse de juiverie), lequel peintre chassait à coups de gaule tous les coqs vivants, pour que ses dupes de clients ne pussent en faire la comparaison avec ses croûtes, image frappante qu'on ne saurait assez répéter.

Mais tout en attaquant le papisme fanatique, ces pamphlétaires chrétiens ne l'attaquaient que par derrière, jamais de front. Et Bossuet leur reproche avec raison que ce qu'ils voulaient conserver du christianisme ne valait guère mieux que ce qu'ils en rejetaient. Singulière défense, d'ailleurs! Et Bossuet n'en a pas trouvé d'autre. En effet, quand on nie, comme les Protestants, la virginité de Marie, on doit être gêné dans les entournures pour défendre la divinité de Jésus. Par contre, Rousseau déjà a dit que, si on laissait pendant six mois aux rabbins d'Amsterdam la liberté pleine et entière de dire toute leur pensée sur le christianisme, il n'en resterait pas un lambeau de dogme.

Mais jusqu'à ce jour, sauf M. Graetz dans son *Histoire des Juifs*, les rabbins n'ont eu garde d'entrer en lice avec les Jésuites. D'abord, ils savent qu'on ne leur répondrait que par des injures, des noyades, des brûlades, d'infâmes calomnies et d'odieuses excitations populaires au pillage et aux massacres, n'ayant aucun pouvoir politique nulle part pour les défendre. Cela ne les empêcherait pas de dire la vérité, car, s'ils ne savent pas vivre pour leur Dieu, au moins ils savent *mourir* pour lui. Mais il y a une autre raison plus philosophique, plus profonde, plus spirituelle, qui jusqu'à ce jour a empêché les porte-paroles du judaïsme rabbinique de combattre, la main haute, les erreurs et les calomnies manifestes de leurs ennemis chrétiens. Cette raison ignorée par tous les Drumont antisémites, la voici :

Le judaïsme esraïque, talmudique et rabbinique, vis-à-vis du catholicisme, est comme un boiteux à côté d'un aveugle. Ensemble, en paix, le boiteux se mettant sur l'aveugle, ils peuvent, clopin clopant, faire quelques pas. Séparés, ce sont deux impotents, qu'aucun remède, qu'aucune réforme ne saurait guérir. C'est qu'il y a deux judaïsmes : celui de Moïse et celui d'Esra, tous les deux serpentant, l'un à côté de l'autre, dans le *Pentateuque* rédigé par Esra et son école ; en d'autres termes, le judaïsme du premier temple — celui de Moïse — et la religion judaïque du second temple — celle d'Esra. Le Jéhovah d'Esra, comme Jésus, est une espèce d'homme-Dieu, qui fait des miracles, qui se repent, qui change d'avis, qui pardonne aux uns les crimes les plus abjects et frappe les autres de son cruel courroux, sans rime ni raison, qui aime mieux les repentis que les justes — autant dire d'un homme qu'il aime mieux une vieille guenille raccommodée et rapiécée qu'un vêtement tout neuf — qui a un grand prêtre, précurseur du pape, auquel il ordonne de pardonner tous les ans les péchés d'Israël, moyennant un bouc envoyé au diable. Esra, élevé en Perse, où il y avait un dieu des lumières et un autre des ténèbres, est l'inventeur du diable juif et chrétien, en hébreu Assas-El, le dieu de l'effronterie. Tout le christianisme, y compris la divinité de Jésus est sorti du judaïsme esraïque et pharisien, la virginité de Marie exceptée, qui est une idée païenne, comme un ver rongeur sort d'un cancer gangrené. Ils seront enterrés ou incinérés ensemble, et ce sera une immense monstruosité spirituelle de moins sur la terre!

Mais il n'en est pas de même du principe religieux fondamental de Moïse, dont les textes nous sont restés dans le *Pentateuque*, bien seulement que par fragments. Là se trouvent les assises éternelles, immortelles et inébranlables de l'humanité et de la civilisation.

Là se trouve la vérité absolue sur Dieu et sur l'homme, l'idéal d'une société entrevue après Moïse par tous les grands génies de toutes les nations, tous déistes ; idéal qui jusqu'à ce jour n'a été atteint, sans pouvoir le maintenir, que deux fois, une fois par Israël et une autre fois par la France en Quatre-vingt-neuf!

Je vais tâcher d'esquisser, en quelques lignes, ces vérités éternelles, immuables et divines qu'on ne saurait, d'ailleurs, assez repéter (1) et avec lesquelles je combattrai toutes les erreurs, toutes les infamies des antisémites, semblable à un laboureur, qui brandit son soc de charrue fécondant en guise de massue pour terrasser le brigand du grand chemin qui le surprend, parce que, courbé vers la terre, il le croyait désarmé, incapable de se défendre.

(1) Voir ma *Vie de Moïse* qui vient de paraître.

III

Tous les peuples aryens, si chers aux antisémites, sans exception, étaient idolâtres, adorant plusieurs dieux, les uns supérieurs, les autres inférieurs, subordonnés les uns aux autres et dont les dieux inférieurs n'existaient que pour servir, de gré ou de force, les dieux supérieurs, munis de pouvoirs absolus et arbitraires ; en d'autres termes, des maîtres et des esclaves.

Et comme la société terrestre et mortelle se modèle et s'est toujours modelée sur l'idée qu'elle se fait de la société céleste et immortelle, les États aryens, tous sans exception, étaient composés de castes, de classes et de divisions, dont les unes étaient supérieures, les autres inférieures, et dont les classes inférieures n'existaient que pour être sacrifiées aux castes supérieures. D'égalité, pas de trace! pas même la moindre notion, pas même dans l'idéal de leurs poètes et philosophes!

Non seulement neuf dixièmes des habitants étaient esclaves, comme chez les Grecs et les Romains, comme les parias aux Indes, mais les citoyens, soi-disant libres eux-mêmes, étaient classés en patriciens et plébéiens, en indigènes et étrangers, et plus tard chez les Chrétiens, soi-disant aryens, en nobles et roturiers, en gentilshommes et manants. A Athènes, outre les esclaves sur lesquels les maîtres avaient le droit de vie et de mort, il y avait trois classes de citoyens dont les droits politiques différaient largement les uns des autres. On connaît les lignes de démarcation des classes gouvernementales à Rome et la différence de leurs droits politiques. Platon, dans sa République idéale, maintient l'esclavage et la promiscuité des femmes, qui dans l'antiquité aryenne ne jouissaient d'aucun droit civil ni politique. On prenait une femme et on la mettait dans le gynécée, sans tambour ni trompette, et on la répudiait à volonté sans trompette ni tambour; en un mot une société barbare avec des tyrans en haut et des esclaves en bas.

Moïse, le premier, en proclamant Jéhovah-Un, seul créateur de tous les mondes visibles et invisibles, représentant la justice absolue et immuable, ayant toujours été ce qu'il est et ce qu'il sera (ce qui est la signification du mot *Jéhovah*,) créateur de tous les êtres sans exception et chaque être contenant en soi une parcelle spirituelle de son créateur, comme toute œuvre humaine de son maître ouvrier — (Moïse l'appelle, *Nombres*, chap. XVI, v. 22 : *Dieu des esprits de toute chair*), tous les êtres créés, y compris la terre, ne différant entre eux que par la quantité de dose spirituelle qu'ils contiennent en eux, Moïse le premier, un sémite s'il en fût, par cette conception d'un seul créateur devant lequel toutes les créatures sans exception sont égales, a proclamé l'Égalité, *en vertu de laquelle les êtres faibles ne sont pas créés pour les forts, mais les forts pour les faibles.*

Cette égalité des forts avec les faibles est visible et palpable dans les êtres sans liberté, tels que les planètes, dont les fortes gravitent pour donner aux faibles la chaleur et la lumière sans les écraser par leur force, et qui par cela même, à leur tour, reçoivent des faibles le double de la force qu'elles dépensent continuellement pour elles. Cela s'appelle *Justesse*, et cette *Justesse* pour les êtres libres devient la *Justice*.

L'étranger chez les peuples aryens n'avait aucun droit. Le mot *étranger* est synonyme avec le mot *ennemi*. Moïse, le premier, accorde à l'étranger les mêmes droits qu'au citoyen israélite. Il dit par trois fois à son peuple : « Tu auras le même droit pour l'étranger comme pour toi, tu l'aimeras comme toi-même, car tu fus étranger en Égypte. » Dans le *Deutéronome* il répète : « Maudit soit celui qui viole le droit de l'étranger ! (1). »

Tous les êtres créés sont donc déclarés par Moïse égaux devant Jéhovah et devant sa loi de justice, et tous sont solidaires les uns des autres, depuis le grain de sable jusqu'à l'astre. Chez tous les peuples aryens, le citoyen libre et patricien ne travaillait pas. Il ne s'exerçait que pour faire la guerre, et, moyennant la guerre, faire du butin et conquérir des esclaves. Le travail était considéré comme chose abjecte, dévolu seulement aux esclaves et chez les Chrétiens aux manants. Pour ces esclaves il n'y avait point de jour de repos, pas plus que pour les bêtes, et quand ils étaient malades et incurables on les jetait aux murènes ou on les tuait.

Moïse, le premier, au nom de l'égalité, a créé le sabath en réhabilitant le travail. « *Six jours tu travailleras !* » dit-il à tout son peuple, mais le septième jour est un jour de repos pour tous sans exception, aussi bien pour les serviteurs que pour les animaux. Et tous les sept ans il y avait une année de repos absolu pour la terre, dont les fruits spontanés appartenaient aux pauvres.

(1) N'est-il pas cruellement curieux, on dirait par une ironie du sort, que le peuple qui le premier a accordé tous les droits de citoyen aux étrangers, soit traité par tous les peuples comme étranger et hors la loi !

Si cette loi eût été observée par les aryens de M. Drumont, jamais le phylloxera n'aurait détruit la fortune de la France dans ses vignes, qui constituaient sa richesse exceptionnelle et dont la destruction est la seule cause du déficit croissant de son budget.

En vertu de ce principe mosaïque, l'homme, la plus forte créature de Dieu, parce qu'il possède la plus grande dose d'esprit créateur, a été créé pour les êtres plus faibles que lui, tels que les animaux, les végétaux et les minéraux, et dans le règne hominal même, les enfants, les vieillards, les infirmes, les malades, les orphelins et les veuves. Ce travail du fort pour le faible (Moïse dit en toutes lettres que Dieu a créé l'homme pour cultiver la terre et tout ce qu'elle contient) s'appelle *Devoir* ou *Vertu*, quand il est volontaire et quand il est forcé par la société : *Justice*. Le mot *Devoir* ne se trouve chez aucun peuple aryen, pas plus que le mot *cœur*. L'amour, chez ces barbares, n'est pas dans *le cœur* mais dans *les flancs*. Autant dire qu'il est matériel et dans la chair. Le mot *cœur*, *Leb*, est exclusivement hébreu. Les Allemands en ont fait le mot *Liebe* et les Anglais *Love*. Un chien en hébreu s'appelle *Kaleb*, littéralement *tout cœur*, comme si cette langue avait deviné la science de Pasteur pour réhabiliter cette bête humaine. Pour expliquer l'amour de Jacob pour son fils Benjamin, la Bible dit : *Son âme était nouée dans son âme.* Je défie tous les Drumont et Daudet du monde de trouver une expression pareille chez leurs aïeux aryens, qui n'étaient que des brutes humaines.

Si l'homme manquait à ce devoir de fort envers les faibles, en moins de cinquante ans tous les êtres disparaîtraient, après une guerre d'extermination entre eux-mêmes, et au lieu de rendre à l'homme le double, le triple, le centuple du bonheur qu'il leur procure, par leurs travaux collectifs, d'amis collaborateurs qu'ils sont, ils deviendraient ses ennemis mortels, et ne lui donneraient que pestes, famines, guerres, ruines morales et matérielles et finalement la mort !

Par cela même Moïse a déclaré l'homme libre tenant dans sa main, par l'option entre le devoir et la violation de ce devoir, son bonheur et son malheur ; *Liberté qui est, non la cause, mais l'effet de l'Égalité*, et qui était inconnue aux peuples aryens. Le Jéhovah de Moïse n'a pas créé d'autre mal que celui qui pousse comme fruit maudit sur les vices et les crimes de l'homme, car tout vice est une exploitation d'une faiblesse par la force. Selon Moïse, il n'y a ni Dieu, ni Ange du mal, ni Ariman, ni Satan. Le bien et le mal sont au pouvoir exclusif de l'homme. Et si l'homme fait son devoir envers les êtres plus faibles que lui, il est sûr que ces êtres travailleront pour son bonheur *matériel* et spirituel, sinon, quiconque ne fait pas son devoir perd tôt ou tard son droit, le fruit de ce devoir, au nom et par l'effet de la justice absolue qui gouverne le monde.

En vertu de cette liberté de l'homme, la Justice de Dieu ne s'exerce que par le Temps et l'Espace, qu'il a créés exclusivement dans ce but. Car si toute vertu se récompensait le lendemain de son accomplissement et que tout vice fût puni le surlendemain de sa perpétration, il n'y aurait plus ni vertu ni vice, *l'homme ne serait plus libre* dans ses actions, car l'homme est tellement jaloux de son indépendance spirituelle, qu'il aime mieux être libre et malheureux, qu'esclave et heureux.

L'homme est donc libre de faire le mal et d'abuser de sa force. La société humaine n'est instituée que pour empêcher chaque membre d'exploiter les êtres plus faibles que lui, ce qui est le mal, et de le frapper en cas de violation de ce devoir. *Si la justice humaine punit le criminel, le fils, selon Moïse, ne doit point pâtir pour le crime du père, ni le père pour le crime du fils* (loi qui fut violée par tous les Aryens, y compris les Chrétiens); *mais à défaut de cette justice humaine, la justice absolue de Jéhovah, en vertu de laquelle tout existe, sans laquelle rien ne saurait exister une heure, intervient par le temps, autant dire, en couvant les effets de leurs causes, et frappe au bout de quelques années jusqu'à la quatrième génération les fils et les fils des fils de ces criminels, en triplant, en centuplant la peine, et par l'espace, ces châtiments, au nom de la solidarité de tous les peuples et de tous les êtres, s'étendent même sur ceux qui ont laissé commettre ces crimes, sans s'y opposer de toutes leurs forces spirituelles et matérielles.*

La justice humaine donc, selon Moïse, qui heureusement pour l'humanité n'était pas aryen, ne frappe le crime que pour empêcher la justice absolue et divine d'en quadrupler le châtiment, au bout de quatre générations. Cette justice récompense toujours le bien, mais seulement par le Temps, jusqu'à la millième génération ; mais le mal s'éteint au bout de la quatrième par l'expiation même.

L'histoire qui n'est que le tribunal de Dieu sur terre, corrobore cette vérité presque à chaque page : témoin l'histoire des Bourbons et des Stuarts. Toute histoire humaine, vérité ou fiction, qui n'est pas une preuve de cette justice divine, n'est qu'un tissu de mensonges et d'erreurs homicides, liberticides et fratricides !

Rien de pareil chez les Aryens, qui ont un Dieu du mal, luttant continuellement contre le Dieu du bien. De *même* chez les Chrétiens. Le bien et le mal ne sont plus au pouvoir de l'homme, mais au pouvoir d'un Dieu ou d'un ange puissant qui l'aime ou qui le hait, pouvoir arbitraire qui pardonne aux uns parce qu'ils sont blonds et qui foudroient les autres parce qu'ils sont bruns. Point n'est besoin d'être juste et d'opter pour le bien, il suffit d'avoir un dieu ou un vice-dieu dans ses manches qui vous pardonne, à la fin, tous les vices et tous les crimes, selon sa bonne et sa mauvaise humeur. Tel Jupiter frappe Achille quand il est brouillé avec Vénus, et Hector quand Junon lui fait une querelle de ménage. De même chez les Aryens indiens, selon la divinité métamorphosée d'une force de la nature.

De même chez les Chrétiens, selon que Jésus combat et vainc le diable, ou que ce dernier se venge de lui sur un de ses favoris. Le Satan juif est une création d'Esra, de même que le pardon par le grand prêtre. Et naturellement la société humaine s'est modelée sur cette erreur et toute erreur est grosse d'une horreur.

Et comme, quoi que pense l'homme, la justice divine gouverne et a toujours gouverné le monde, justice qui ne laisse aucun crime, aucun abus de force impuni qui le châtie toujours quadruplement par le Temps, il en est résulté que cette société n'a jamais eu une heure de paix, ni une année de félicité, et que les êtres faibles exploités par les forts ne lui ont jamais rendu que maladies, pestes, guerres, famines, misères et jusqu'aux perturbations des éléments, qui, eux aussi, suivent la loi universelle et ne rendent à l'homme que ce que l'homme leur donne, car les éléments mêmes sont au pouvoir de l'homme, par sa liberté du bien et du mal.

En vertu de ces principes d'égalité et de liberté, principes proclamés seulement par le sémite Moïse et par nul autre législateur du monde, il a créé le suffrage universel à deux degrés. Son peuple élisait ses délégués par dix, vingt, cinquante et cent, système décimal qu'il a établi aussi dans sa monnaie, dans ses mesures et dans ses poids; avec un Sénat de soixante-dix Anciens et douze chefs de tribus. Le premier aussi il a aboli tout esclavage. Tous les règlements sur l'esclavage dans le *Pentateuque*, qui sont encore très humains, plus humains que la loi chrétienne sur les serfs, sont d'une époque post-mosaïque du temps de la monarchie juive. Lui aussi le premier a ordonné que tout Israélite fût astreint à être soldat depuis vingt ans jusqu'à cinquante ans. Outre un sicle d'impôt égalitaire pour tout citoyen, *Moïse prélevait le dixième des revenus de tout Israélite*, laquelle dîme était distribuée aux pauvres, aux lévites et aux étrangers. De plus, de chaque champ, de chaque vigne, le propriétaire était forcé d'en laisser un coin et la glane aux pauvres. J'ai déjà dit que tous les fruits de la septième année leur appartenaient également. Et Moïse dit ailleurs : « *Si tu exécutes mes lois, il n'y aura plus de pauvres parmi toi !* »

J'abrège : Moïse aussi a ordonné que tout mariage et que tout divorce fussent publiés et exécutés par des hommes de loi. Je ne puis citer toutes les lois humanitaires et civilisatrices de Moïse, y compris sa défense de prêter l'argent à intérêt. Il n'était point national, puisque l'étranger jouissait des mêmes droits que l'indigène. Il dit en toutes lettres à son peuple ; Jéhovah ne vous a élu ni pour vos vertus ni pour votre nombre, mais pour vous donner ses lois modèles, afin que toutes les nations de la terre, reconnaissant la sagesse de ces lois et voyant les prospérités qu'elles créeront chez vous, les imitent — seule propagande durable et bienfaisante ; — que si vous violez ces lois, la justice inexorable de Jéhovah ne vous ménagera pas. Elle vous frappera comme les autres peuples idolâtres ou athées, qui les violent, sans pardon, ni miséricorde ! Et Jéhovah a tenu parole !

Donc Moïse, qui, je le répète, n'était pas aryen, est le premier et le seul créateur de l'égalité, de la liberté et de la fraternité solidaire, qui sont les principes fondamentaux de la civilisation, idéal qu'aucun peuple de la terre n'a point encore atteint et qui n'a été entrevu qu'une fois par le peuple d'Israël sous Moïse et Josué et une autre fois par le peuple français de Quatre vingt-neuf, mais qui tous deux n'ont pas su conserver cette vérité, seule source de toute paix spirituelle et de toute prospérité matérielle. C'est avec ce mètre spirituel que je mesurerai nos nains d'antisémites, eux, parlant au nom de Jésus, qui n'était pas aryen non plus, moi parlant au nom de Moïse qui était sémite. Et ce mètre en mes mains se changera en gourdin pour assommer l'erreur, la haine, le mensonge et la calomnie, les seules armes des antisémites de n'importe quelle secte, de n'importe quelle race et nationalité.

D'ordinaire je ne brandis mon fouet de prophète enflammé que pour claquer de la mèche sans frapper ; mais pour l'antisémitisme brigand et assassin prétendu chrétien et national, je me servirai du manche, et ce ne sera pas, j'espère, le manche de la lance d'Achille, qui guérissait les blessures qu'il faisait. Pour cela il ne faut ni euphémisme ni fausse sortie. L'antisémitisme qui a commencé comme une comédie, va dégénérer en tragédie. Il a déjà fait un grand nombre de victimes dont le sang innocent, que la terre ne boit pas, crie vengeance, et qui, comme dit Moïse, ne criera pas en vain ! Possible qu'en France même il fasse des ravages. En ce cas, je veux en être la première victime. Du moins je tomberai les armes à la main, et crachant mon sang à la figure de nos brigands d'agresseurs, qui finiront par rendre le mot aryens synonyme avec canailles !

IV

Si M. Drumont n'avait attaqué que nos croquants millionnaires juifs, la plupart des étrangers, je n'aurais pas remué mon petit doigt pour les défendre, qui d'ailleurs, ne veulent même pas être défendus. N'ayant ni science, ni esprit, ils aiment mieux se capitonner dans leur ignorance, croyant que le jour ne viendra pas, parce qu'ils chassent de leurs poulaillers les coqs qui l'annoncent à trois heures du matin. Outre les vices de leurs pays natifs et barbares, ils n'ont profité de la liberté et de l'égalité dont ils jouissent en France (liberté et égalité datant de quatre-vingt-neuf que la France *déiste* d'alors

**

a puisées dans les principes déistes de Moïse) que pour s'assimiler les travers, les vices et le genre de vie dissipée et bestiale de la prétendue haute société gentilhommière de Paris, qui a toutes les qualités du cheval de Roland, morte du phylloxera spirituel qu'on appelle le catholicisme ultramontain et qui selon un dicton populaire allemand « a du beurre sur la tête » ne pouvant plus aller au soleil de la raison et de la liberté. Ces juifs-là, qui ne connaissent plus les lois de Moïse, dont pas un ne donne le dixième de sa fortune aux pauvres, pas même le vingtième, oublient, ignorent que leurs aïeux les sémites, n'ayant jamais connu d'autre noblesse que la science et la vertu, étaient déjà à la tête de la civilisation humaine, quand les aïeux de la noblesse aryenne et chrétienne, dont en majeure partie les titres sont les fruits empoisonnés de la force brutale des hommes et du concubinage adultérin des femmes, mangeaient encore des glands avec leurs porcs dans les forêts des Ardennes et des Cévennes. Cette prétendue bonne société juive et chrétienne, la plus mauvaise de la France, on peut la résumer en trois mots : *Crottin! Cretin! Catin!* Après s'être flanqués de laquais, qu'ils costument pour se distinguer d'eux, et s'être habillés eux mêmes en palefreniers endimanchés, ces hommes, dont malheureusement un grand nombre de Français, mettent toute leur gloire dans un cheval frelaté, qui avance ou recule au pas de course, toute leur activité spirituelle dans une chasse à courre, le plaisir des hommes sans cœur et des femmes sans esprit, toute leur littérature dans la lecture des dépêches télégraphiques, et toute leur générosité en *s'achetant* des tableaux et des bibelots un million, valant deux mille francs (aucun tableau ne valant guère plus), ou bien à donner de la main droite (qui doit l'ignorer) des cadeaux royaux à une concubine de la main gauche. Leurs femmes, dont pas une n'a lu la Bible et dont nombre d'entre elles ne pourraient plus être les femmes de César, ne s'occupent que de haut potinage de salon et de bas cabotinage de théâtre, et dont les filles, après avoir acheté, de leurs millions, un titre fruste, ne valant pas cent sous, se creusent les petites cervelles pour s'approprier le genre de vie oisive et dégingandée de la prétendue société noble et d'en accepter le langage à la fois canaille et morgueux, comme si Jupiter était sorti de leurs cuisses Ces juifs-là, qui, du temps des Macchabées, se faisaient de faux prépuces pour passer pour des Drumonts grecs, sont les mêmes qui, du temps de Moïse, se sont prostitués avec les filles de Midian à Baal Péor (le dieu Phalus des Midianites) et que Moïse a fait crever dans le désert par centaines de mille.

La grande fortune, même bien acquise, n'importe de quelle religion, si elle ne sert pas de coffre-fort aux pauvres, n'est absolument nulle part qu'une boite de Pandore.

De temps à autre, quand un de ces juifs fait convertir ses filles pour les marier à des gentilshommes râpés, nos rabbins élèvent leurs bras et leurs voix pour se plaindre de ces désertions que nos pères appelaient *glissades*. Je voudrais bien savoir ce que le judaïsme mosaïste, ne reposant que sur la vertu et la justice, jamais sur la quantité, ni sur la fortune, perdrait, si ces richards christianisés se convertissaient en bloc, eux, leurs fils, leurs femmes et leurs filles? Il est vrai que cela ne les sauverait pas, le jour où, comme dit Moïse, Dieu recensera leurs péchés et leurs prévarications.

On ne fait rien avec l'argent seul, absolument rien. L'argent représente les *zéros* derrière un chiffre, mais il faut qu'il soit *derrière* et non *devant* les chiffres pour produire un grand et salutaire effet. Témoin l'*Alliance Israélite* qui, depuis la mort de Crémieux, n'ayant plus d'homme à la tête, n'a absolument fait que des bêtises.

Si M. Drumont encore s'était contenté de flageller la lâcheté universelle de notre société d'histrions et de cabotins, sans distinction de religion ni de classe, société dans laquelle les Juifs jouent un rôle peu digne, souvent scandaleux, non parce qu'ils sont sémites, mais parce qu'ils sont Français, élevés dans des écoles françaises, par des maîtres athées ou idolâtres français, je lui aurais serré la main en le rencontrant, bien que je sache qu'aucune critique ne mord plus sur les Français dégénérés de la seconde moitié de notre siècle. La hache mord le bois sain; sur le bois pourri, elle glisse en s'émoussant. Impossible d'ailleurs de distinguer les vers sémites des vers aryens qui grouillent dans un corps gangrené. Et si on les écrase, un moment après il en vient d'autres, tout aussi gros et tout aussi voraces !

V

Mais M. Drumont, au nom du catholicisme, ne se contente pas d'attaquer nos vices et nos vicieux. Nouveau Pharaon, il veut l'extermination des fils, et même des filles d'Israël, qu'il traîne d[illegible]ns la boue, en attendant que, par l'aide des cercles catholiques de M. de Mun, coalisés avec les anarchistes des Camelinats et des Baslys, cette boue se change en sanie. Comme tous les antisémites, M. Drumont ne sait pas un traître mot, du judaïsme et de la Bible, ou fait semblant d'ignorer toute l'histoire intellectuelle des juifs et des chrétiens. Lui, qui accuse les juifs d'être malades de la névrose, est lui-même un enragé névrotique, au point de prendre Montaigne, une des gloires universelles de l'humanité, pour un juif, et de lui donner son paquet.

Il est tellement névrotique, qu'en le lisant, on a toujours peur qu'à l'instar d'Harpagon, il n'aille s'attaquer lui-même comme fils issu de sémites. Il n'a oublié que Veuillot dont l'aïeul était réellement juif et s'appelait Weill comme moi.

Selon M. Drumont, le sémite a tous les défauts et l'aryen toutes les qualités; plus encore, les qualités mêmes quand, par mégarde, elles tombent sur un sémite, se changent en défauts, tandis que les défauts de l'aryen deviennent des qualités, jusqu'à l'ivrognerie qui devient chez l'aryen une vertu, « UN IDÉAL ! » Voici ses paroles :

« Ce que je dis des passions de l'amour (Drumont n'admet pas qu'une juive puisse aimer), peut s'appliquer à l'ivresse, *plus rare chez les juifs* (voyez-vous, ces misérables !) que chez les chrétiens. *Le besoin de se dédoubler, de s'exciter, de remuer violemment leur organisme* EST UNE FORME BASSE DU SENTIMENT DE L'IDÉAL. C'EST L'IDÉAL TOMBÉ INSTINCT. *Le juif est étranger à ce trouble de l'âme. Ni le sémite, ni la sémite n'ont de ces exaltations.* »

Ainsi donc on ne dira plus d'un homme soûl : « Il a son jeuné homme » ; mais il a son idéal ! Si un magistrat reproche à un soûlard un crime, celui-ci, après avoir lu Drumont, pourra lui répondre : « Mon président, ce n'est pas ma faute. Je ne suis pas juif, je suis aryen, et j'ai eu mon idéal qui m'est tombé instinct. »

Plusieurs fois durant la lecture de la *France juive*, devant cet engueulement sempiternel et fastidieux, sans rime ni raison, devant ces dégobillades nauséabondes, je me suis dit malgré moi : « Mais ce pauvre Drumont, que j'ai connu écrivain de talent, est donc tombé dans un délirium, ou bien il a la jaunisse juive. » Maintenant je suis rassuré sur son compte, car malgré sa haine du juif, je me sens un faible pour lui. *Il a eu son idéal. Il avait besoin de se dédoubler, de remuer violemment tout son organisme*, en écrivant ce livre ; idéal que moi, sémite, je n'atteindrai ni n'entreverrai jamais !

C'est aussi entre deux *idéals* que M. Drumont a rendu le renard suivant sur le seuil de la synagogue.

« Par un phénomène que l'on a constaté cent fois au moyen âge, et qui s'est affirmé de nouveau au moment du choléra, le juif paraît jouir vis-à-vis des épidémies d'immunités particulières. *Il semble qu'il y ait en lui une sorte de peste permanente qui le garantit de la peste ordinaire. Il est son propre vaccin et en quelque manière un antidote vivant. Le fléau recule quand il le sent !* »

C'est peut être pour cela que les morsures de chien enragé de Drumont glisseront sans danger sur le juif, sans qu'il ait besoin de se faire vacciner par M. Pasteur. Il est son vaccin lui-même.

Au premier abord, cela rappelle l'histoire de Debureau, qui, se sentant périr d'ennui, allait chez le médecin lui demander un remède de gaieté.

— Allez voir Debureau, lui dit le docteur. — Impossible, répliqua celui-ci, je suis Debureau moi-même.

Je ne savais pas qu'un idéal pouvait conduire à la folie. Voyez-vous la raison de l'immortalité du juif? C'est qu'il est la mort même, mort bien indulgente, puisqu'elle ménage tous ses ennemis. Henri Heine a dit d'un de ses adversaires : D'ordinaire il est fou, mais il a des moments lucides où il n'est que bête. Après ces deux passages cités, on peut hardiment dire de l'anti sémite Drumont : D'ordinaire il est soûl, pardon ! excuse, il a son idéal, mais il a des moments sobres, où il n'est qu'enragé.

Je ne pouvais pas m'expliquer l'odeur particulièrement infectieuse qui me prenait au nez et à la tête, en passant entre ces deux gros volumes, et dont j'ai déjà parlé. Je le sais maintenant. M. Drumont ne se nourrit que de juif. Il en mange à tous ses repas ordinaires et extraordinaires, à la croque au sel, à l'étuvée, rôti et même à la sauce bismarkienne, qu'il préfère à toute sauce française.

Or, à l'entendre, « *Non seulement le juif sent mauvais, mais il pue. Il a un relent qui indique la race et qui les aide à se reconnaître entre eux. Le fait a été cent fois constaté.* » Même les odeurs de Paris, selon M. Drumont, viennent des juifs qui s'y promènent!

C'est cette puanteur insupportable qui vous prend à la gorge devant ces deux gros chariots chargés d'excréments drumontiens. Si le juif cru sent déjà mauvais, qu'est-ce donc quand, cuit ou rôti, il a passé par le canal d'un antisémite? Une infection.

Tout l'encens répandu autour de son nez par nos journalistes français n'a pu la faire disparaître. En tout cas, si le juif sent mauvais, son argent n'a jamais d'odeur pour les antisémites de toutes les nations. Il est vrai que, dans les mains des aryens, il est bien vite lavé.

Écoutons maintenant ce qu'il dit du sémite et de l'aryen: « Le sémite est mercantile, cupide, intrigant, subtil, rusé. L'aryen est enthousiaste (quand il a son idéal, bien entendu) héroïque, chevaleresque (on ne le dirait pas en lisant Drumont sur la juive), désintéressé, franc, confiant jusqu'à la naïveté. Le sémite est un terrien ne voyant guère au delà de la vie présente (témoin les fils de la mère Macchabée); l'aryen est un fils du ciel, sans cesse préoccupé d'aspirations supérieures (témoin Néron, Caligula, Commode, y compris Constantin qui a fait assassiner soixante membres de sa famille. Témoin encore presque tous les gueux de rois chrétiens). L'un vit dans la réalité, l'*autre dans l'idéal*. (On a vu ce que c'est que l'idéal de Drumont); autant dire: l'un vit sobrement, l'autre se soûle). « Le sémite est négociant d'instinct (témoin les israélites de la Palestine n'ayant eu aucun commerce et ne cultivant que leur sol); il a la vocation du trafic, le génie de tout ce qui est échange, de tout ce qui est occasion de mettre dedans son semblable. Il n'a aucune faculté créatrice (c'est probablement un aryen comme Drumont qui a créé la Bible, c'est-à-dire Dieu et l'humanité); et c'est probablement son ami antisémite Daudet qui a créé le décalogue, les *Psaumes*, les œuvres de Spinoza et la musique des *Huguenots*). Pas la moindre invention a été faite par un sémite (et l'alphabet et l'écriture inventés par les Phéniciens)! Par contre, il exploite, il organise, fait produire à l'invention de l'aryen créateur *des bénéfices qu'il garde naturellement pour lui.* »

In caudâ venenum. Aussi longtemps que les juifs ont travaillé pour les évêques, les rois et les grands seigneurs aryens chrétiens, on les a tolérés. On leur a même permis de faire l'usure pour eux, qui dans ce temps n'avait aucune odeur juive.

Ce qui est intolérable pour un seigneur chrétien aryen, c'est que le juif, son esclave d'hier, ne travaille plus pour lui.

VI

S'il est vrai que la race aryenne a toutes les vertus et que la race sémitique soit si abjecte, si vile, tranchons le mot, si canaille, digne selon les Drumonts allemands, russes et français d'être exterminée jusqu'à la dernière radicule, comment se fait-il que votre Dieu, lui, qui peut tout faire et défaire, qui d'un pécheur fait un saint et d'une catin une sainte, comment, dis-je, se fait-il qu'il ne se soit pas incarné dans un de ses bons aryens, et qu'il ait choisi un misérable sémite juif, afin de sauver des milliards d'autres gueux aryens, qu'on appelle les gentils et qui, soit dit en passant, n'en sont devenus que plus gueux, après ce rachat miraculeux. Comment ce Dieu, à la fois Père et Saint-Esprit, s'est-il commis avec une sémitesse juive, pour lui faire une virginité après six enfants qu'elle a eus, selon l'Évangile, quand il avait à sa disposition les aïeux aryens de Drumont et de Daudet, dont ceux d'aujourd'hui ne sont que de nouvelles incarnations; Daudet, avec sa tête sémite, aurait fait un très bon effet sur la croix (1).

A la rigueur, avec un petit miracle de plus, il aurait pu prendre la célèbre Sapho de ce haïsseur de sémites pour lui faire un tout petit fils de Dieu, et faire d'elle une déesse, la dernière coquine aryenne, selon ces antisémites, aurait mieux valu qu'une misérable juive (qui déjà dans ce temps a dû sentir mauvais, car M. Drumont n'admet pas d'exception pour la juive qui, dit-il, ne se couvre de parfums que pour faire oublier sa mauvaise odeur sémitique) (2).

Il faut être, non un ennemi des juifs, mais un idéaliste hypnotisé pour oser écrire et imprimer de telles absurdités démentes, et qui, chose honteuse à dire, sont répétées avec plaisir avec la majeure partie de tous les crétins catholiques, en passe de devenir pour les juifs des gredins de la dernière catégorie.

Et dire que ces hommes n'ont songé dans tous les temps et ne songent encore, en grande partie, qu'à nous convertir, bien

(1) Tous les catholiques du midi sont mâtinés de juif, tous les juifs prisonniers de guerre depuis César jusqu'à Adrien ayant été relégués dans la Gaule Cisalpine depuis Marseille jusqu'à Lyon. La langue d'oc est à moitié hébraïque, comme l'a prouvé Amyiès de Béziers, rapport que Genoude a reproduit dans son *Histoire de France*. Six cent mille de ces juifs ont été convertis de force au catholicisme par les Goths et les Ostrogoths entre le sixième et le septième siècle.

(2) Cela me rappelle un mot d'une de mes cuisinières (elle s'appelait Catherine et était déjà depuis six mois chez moi) disant à ma *femme de chambre*, moi, je n'irai jamais chez des juifs. — *Et pourquoi donc?* demanda l'autre qui était protestante. — *Parcequ'ils ont crucifié Notre Seigneur Jésus-Christ.* Ayant entendu ce propos, je m'approchai en disant : — Catherine, vous ne savez donc pas que Jésus-Christ était juif? — Par exemple ! s'écria-t-elle, en frappant ses deux genoux de ses deux mains, il ne nous manquerait plus que cela.

entendu, après nous avoir pillés, pour aller nopcer avec leurs Saphos! Et, chose encore plus étonnante, ils s'étonnent de notre résistance, de notre aveuglement, comme ils disent, car ils représentent le judaïsme sous la figure d'une juive, ayant un bandeau sur les yeux, comme sur une porte latérale de la cathédrale de Strasbourg. Heureuse figure qui ne les voit pas! Pharaon, du moins, le premier antisémite, n'a voulu que nous asservir, et, n'ayant pas réussi, il ordonna de noyer dans le Nil tous les nouveau-nés israélites, en ne gardant que les filles (dans ce temps, probablement, elles ne sentaient pas encore mauvais). Moïse, précisément par un effet naturel de cette cause, sauvé des eaux du Nil et élevé au palais même de Pharaon, l'a noyé dans la mer Rouge, lui et toute son armée. Mais la Bible ne dit pas un mot que Pharaon eût jamais exigé un seul jour que les Israélites adorassent son dieu-veau et sa déesse-vache, car les égyptiens adoraient des veaux et des vaches comme dieux et déesses. Mais les catholiques, depuis plus de mille ans, non seulement nous ont asservis avec plus de cruauté que Pharaon, celui-ci n'ayant exigé de nous que de lui faire des briques sans nous livrer la paille, tandis que les chrétiens, dès qu'ils sont devenus les maîtres, ont toujours exigé de nous de leur fabriquer de l'or sans nous livrer le métal. Je me trompe, ils nous livraient leurs propres peuples qu'ils nous permettaient de pressurer par l'usure, à condition de leur en donner quatre-vingt-dix-neuf pour cent et de garder pour nous la centième partie, *pas assez pour vivre et trop pour mourir*, selon le dicton juif; les catholiques, dis-je, non seulement nous ont asservis, avilis, *abêtis*, mais encore ils voulaient nous forcer d'adorer leurs idoles juives, que Moïse nous défend d'adorer sous peine de mort, en disant : « Ils ont des yeux pour ne pas voir et des oreilles pour ne pas entendre. » Moïse ne dit pas : et une bouche pour ne pas parler. On dirait qu'il avait prévu l'idole chrétienne, car Jésus, saignant et pantelant sur la croix, non seulement parlé, mais crie, nuit et jour.

Il crie à tout passant : « Je souffre ! Venge-moi ! » Et l'adorateur, à moins de n'avoir pas de cœur, après s'être agenouillé devant cette idole gémissante, criant vengeance, ne songe qu'à la haine, jamais à un sentiment d'amour ou de fraternité aryenne.

Depuis plus de seize siècles, les Chrétiens romains, grecs, gaulois, saxons, germains et scandinaves, à bout de calomnies pour trouver ces chiens de juifs galeux, afin de les noyer, finissent toujours par le refrain : « Vous avez tué notre Dieu et Seigneur Jésus-Christ ! »

Mais, sots barbares que vous êtes, Jésus était-il Romain, Grec, Gaulois, Saxon ou Scandinave ? IL ÉTAIT JUIF COMME NOUS ! Est-ce que, tas de nigauds, nous vous avons forcés de le prendre pour votre Dieu ? Et si nous avons, justement ou injustement, tué un des nôtres, est-ce que cela vous regarde ? Est-ce que les Allemands songent à venger sur les Français la mort de Jeanne d'Arc ou de Louis XVI ? Et s'il est vrai qu'il soit mort pour vous racheter (beau rachat, ma foi !), vous devriez nous encadrer d'or pour vous avoir valu cette rédemption, qui, de brutes que vous étiez, a fait de vous des hommes, vous a donné un idéal (non parbleu ! celui de Drumont), qui, de *terriens* que vous étiez, a fait de vous *des célestiens*. Drumont cite un passage de Renan, qui, dans son livre *sur les Langues sémitiques*, reproche aux juifs de n'avoir ni épopée, ni drame, ni art plastique.

C'est à douter de l'esprit humain. Qui donc a composé l'admirable chant de victoire de Moïse après la défaite des Égyptiens ? Ce chant vaut et vaut mieux, par le fond et la forme, que toute une épopée idolâtre, sans compter le chant de Débora, présidente de la république juive, sans compter le chant du cygne de Moïse qui n'a pas son pareil dans aucune littérature. Et les psaumes donc ? Sont-ce les chrétiens aryens qui les ont inventés, ces psaumes, que leurs femmes psalmodiaient (ironie du destin), pendant que leurs bourreaux d'hommes traînaient nos pères sur leurs bûchers !

L'arche de Moïse dans le désert avec ses Chérubs était une merveille d'art, plus merveilleuse, dans son genre, que le Temple de Salomon.

Le Cantique des Cantiques est bien un libretto d'opéra avec des chœurs de bergers, de soldats, de vignerons, et les solis des amants, dont la musique s'est perdue. Si les juifs n'ont point eu des pièces de théâtre avec des actrices sur la scène, on n'a qu'à les en louer, toute actrice étant forcément vouée à la prostitution.

Le théâtre moderne, qui, d'ailleurs, n'a surgi chez les peuples chrétiens *qu'après la Réforme,* fille ressuscitée par l'ancien Testament de Moïse, est devenu une peste morale qui gangrènera toute l'Europe intellectuelle (surtout avec les droits d'auteurs) et la fera engloutir dans son malpropre abîme.

Mais, quant au drame, il existait dans le temple même. Qui donc a inventé la musique et la danse religieuse, si ce n'est le sémite David ? Pour qui a-t-on inventé *les chants des Marches,* qui se trouvent à la fin des psaumes et qui furent chantés sur les marches du Temple par trois mille Lévites, accompagnés par une centaine de musiciens instrumentistes. Quiconque, dit Josèphe, n'a pas vu ni entendu ce spectacle, n'a jamais rien vu de beau, de grand et de divin ! Pas un œil ne restait sec, pas un cœur qui ne palpitât d'enthousiasme, dénié aux sémites par Drumont. Cela valait bien, je pense, et certainement mieux que nos pièces d'opéras, qui ne sont que des entremetteuses de débauche, d'adultère et de prostitution.

Y a-t-il dans toute la littérature aryenne un roman historique comme celui de Joseph, sans compter que toute l'histoire aryenne, chrétienne et indienne, n'a pas une figure comme celle de Joseph, un modèle de vertu, de justice et même de beauté, qui a donné à sa patrie adoptive quatre-vingts années de paix prospère, sans faire la guerre. Lui et Salomon sont les seuls rois de l'histoire qui ont régné un grand nombre d'années sans faire la guerre. Les chrétiens n'ont pas un seul roi qui ait régné sans guerre. Et l'histoire de David, son amitié sans pareille avec Jonathan et son amour pour Michaël, y a-t-il chez les aryens passés, présents, et j'ose ajouter, futurs, un roman héroïque pareil, y compris ses amours criminelles et dramatiques pour Bethsabée ? Et l'histoire de Ruth ? Les aryens ont-ils un pareil roman champêtre, à moins qu'on ne lui préfère l'histoire pornographique de Daphnis et Chloé. On me dira, mais c'est de l'histoire sainte.

Nous n'avons pas, nous autres sémites, une histoire sainte. Notre histoire est saine, mais nullement sainte. Elle est humaine avec toutes les vertus et tous les vices des humains. Il n'y a que les aryens, nés et mourants dans les vices, pour lesquels une histoire idéale un peu au-dessus de la médiocrité humaine, a besoin d'être sainte et de passer pour un miracle. Nous avons de grands hommes, *mais nous n'avons de saint que Jéhovah lui-même.* "

Tous ces reproches ensemble se dissolvent comme des montagnes de glace sous un fort coup de soleil, devant l'invention des lettres alphabétiques et de l'écriture par les Phéniciens, sémites comme les israélites (les israélites, dans le désert déjà, ont connu l'écriture) que Cadmus a enseignée aux grecs aryens (1).

(1) Voici un extrait de *ma Vie de Moïse* écrit longtemps avant la *France juive.*

Chose remarquable? Les Juifs seuls ont eu des hommes d'État, en même temps de grands poëtes et de grands philosophes. Tels : Moïse, aussi grand poëte que législateur et homme d'État; David, un des plus grands poëtes du monde; puis Samuel, le faiseur de rois, et Salomon; Isaïe, né sur les marches du trône et pendant longtemps conseiller du roi, et jusqu'à Débora, présidente de la République et grande poétesse, auteur également d'un chant dédié à la gloire de Jéhovah.

Et chose encore plus remarquable! Toute la poésie des Juifs était naturelle! Ses images sont toutes empruntées à la nature. Rien de mystérieux. Nul n'a chanté les beautés de la nature comme David, mais ces beautés, les poëtes juifs les chantaient pour glorifier leur créateur Jéhovah. Loin d'attribuer à la nature une force divine, comme les poëtes polythéistes et athées, ils l'ont subordonnée comme création à la seule force autonome de Jéhovah, et par cela même les poëtes juifs seuls ont chanté l'égalité de tous les êtres créés devant le seul Être supérieur, qui est Jéhovah. Et comme la nature n'existe que pour dire la gloire de Dieu, l'homme, par conséquent, quoique supérieur à la nature par la liberté, n'existe, selon eux, que pour glorifier son Créateur, en imitant sa justice et en devenant saint et parfait comme lui, par ses vertus, qui ne sont que des actes de justice volontaire.

Les païens ont eu Marc-Aurèle et les Antonins; mais ce sont des sceptiques. Ils doutaient, et à juste titre, de leurs faux dieux, mais pas un d'eux n'atteint à la hauteur sublime d'un Moïse ou d'un David, pas même d'un Josué ou d'un Samuel. La France aurait eu un grand roi biblique, Henri IV, s'il n'avait pas abjuré Dieu pour une idole, en préparant les dragonnades et leur revanche de Quatre-vingt-treize, car plus forte est une action tyrannique, plus forte sera la vengeance par le Temps. L'Europe moderne a eu Frédéric le Grand, mais c'est

M. Rochefort qui, lui aussi, mange du juif, mais seulement quand il n'a pas autre chose de croquant à mettre sous sa

encore un douteur, presque un athée. Il doutait du christianisme et en cela il était supérieur à ses cousins, les autres rois, mais rien de vraiment grand ne se trouve dans sa philosophie, sans compter que ses actions étaient toutes contraires à ses principes, dont il n'avait aucune certitude arrêtée. Le reste des rois et des guerriers, un tas de brutes ignorantes, y compris le premier Napoléon; des massacreurs d'hommes, de soi-disant contempteurs de philosophie, la trouvant trop verte, et se donnant le nom de héros pour avoir vaincu d'autres héros, aussi gueux qu'eux, mais moins bien doués d'esprit et d'énergie. Pas un grand législateur! Car la vraie poésie, c'est de la philosophie concentrée et rythmée, comme la vraie philosophie est de la poésie raisonnée, toutes les deux étant des vérités prises dans les lois de la nature, qui, étant elle-même émanée de Dieu, contient en elle toutes les lois de Jéhovah. Le poète n'a qu'à lui insuffler son âme, pour qu'elle proclame toute seule, non seulement toute la puissance du Créateur, mais encore toute sa gloire. Là est la supériorité de la littérature juive, supériorité qu'elle conservera jusqu'à la consommation des siècles.

Mais cette poésie et cette philosophie disparaissent avec le second temple, avec la religion surnaturelle et miraculaire, contraire à la nature, qu'Esra a greffée dans le Pentateuque même sur celle de Moïse, et avec le christianisme, qui n'est qu'une excroissance cancéreuse de l'Esraïsme et du Talmudisme. Dès le second temple, plus de prophètes et plus de poètes! Pas un seul chant qui ressemble, de près ou de loin, à ceux de Moïse ou de David, pas même de Déhora. L'héroïsme des Macchabées mêmes n'a produit qu'un mauvais morceau de prose, célébrant un soi-disant miracle d'un flacon d'huile, ayant duré huit jours. Dans le christianisme, même pauvreté, même misère poétique. Comment, en effet, chanter la gloire d'un Dieu, qui change tous les jours d'idée et de loi, qui pardonne aujourd'hui ce qu'il condamnera demain, qui fait des miracles à tort et à travers, souvent très mal à propos, et qui n'en fait plus, juste au moment où l'on a le plus besoin de lui! Autant chanter les amours et les bouderies de Jupiter ou les caprices d'amour de Vénus. La gloire ne saurait être attribuée à aucun être qui change de loi et d'actions. C'est pourquoi David dit avec raison qu'il n'y a aucune gloire pour l'homme ondoyant et changeant. Seul Jéhovah peut revendiquer de la gloire, parce qu'il est toujours le même. Mais cela ne saurait s'appliquer qu'au Jéhovah de Moïse, et non au Jéhovah d'Esra et des rabbins, qui change de pensées et d'actions, comme un simple Jésus, et qui n'est au fond qu'un Dieu créé à l'image de l'homme!

dent, veut bien nous acquitter du crime d'avoir crucifié Jésus, en disant qu'il y a prescription. (Les juifs n'ont jamais crucifié, ils ont lapidé, et avant de tuer le délinquant, ils l'enivraient.) Mais je ne lui demande pas cette circonstance atténuante. Si l'histoire de Jésus est telle qu'elle est racontée par l'Évangile (qui n'est d'ailleurs qu'un pamphlet contre l'Ancien Testament et dont Lessing déjà a dit : Ce qui y est vrai n'est pas nouveau et ce qui y est nouveau n'est pas vrai), si j'étais juge d'un tribunal devant lequel comparaîtrait un Jésus, élève de Ben Pérachia, disant : Je suis fils de Dieu, je fais des miracles, je change la pierre en pain et je ressuscite les morts, je l'enverrais d'abord chez le docteur Blanche pour lui faire donner des douches froides, et s'il ameutait le peuple contre l'ordre et la loi, en chevauchant sur des ânes et des apôtres, par Jéhovah, je le pendrais haut et court de mes propres mains !

VII

Il est un fait patent, irréfragable, qui ressort de chaque ligne de l'histoire. Ce fait, le voici !

Le christianisme, dit-on, a été inventé pour racheter et rédimer l'humanité du péché originel d'Adam, péché exclusive-

***

ment inventé par saint Paul. Autant dire un médecin qui attribue une fausse maladie à son client pour l'en guérir à coup sûr.

Les Juifs n'ont pas de péché originel dans leur religion, ils en ont bien assez sans cela.

Eh bien ! qu'on additionne tous les crimes, tous les forfaits, toutes les scélératesses, tous les dénis de justice du monde sémitique hébraïque, depuis Josué jusqu'à Hérode *l'Iduméen;* qu'on les mette sur un plateau de la balance historique et que sur l'autre plateau on mette seulement les crimes, les forfaits, les scélératesses et les dénis de justice d'un seul siècle chrétien du moyen âge, et, du coup, le plateau sémitique monterait, pendant que le plateau aryen descendrait toute la longueur de la flèche. Il n'y a pas, dans toute l'antiquité, un Moloch qui ait exigé autant de sacrifices humains que le Moloch Jésus. Que sont les exécutions de Néron et de Caligula, jetant aux bêtes, en un jour, six mille hommes — encore c'étaient des Juifs, — contre les millions d'âmes humaines s'appelant *Ariens* (ne pas confondre avec Aryens), Albigeois, Huguenots, Protestants, Musulmans et Juifs! Voltaire en compte jusqu'à dix-huit millions, et ce n'est pas fini. Et partout les victimes valaient mieux que leurs bourreaux, car les peuples catholiques, idolâtres, abêtis, abrutis par des dogmes incompatibles avec le moindre brin de raison, avant la Réforme, furent incapables ni d'ordre, ni de raison, ni d'aucune économie. Ils étaient voués à la fainéantise et à la pauvreté, et quand ils entraient en activité, ils ne firent que des folies taxées de poétiques, mais qui tiennent plutôt d'une ébriété non interrompue — toujours l'idéal de Drumont — que de la vraie poésie, qui n'est ni ne fut jamais que de la raison rythmée (1). Ces peuples ne se sont relevés moralement et physiquement que depuis la Renaissance, non des lettres grecques (elles n'ont en rien contribué à la transformation de la situation des peuples chrétiens), mais exclusivement depuis la connaissance et l'étude de la Bible et des lois de Moïse, d'où sont sorties d'abord *la Réforme*, puis, celle-ci s'étant arrêtée à mi-chemin, la Révolution, *purement déiste* de Quatre-vingt-neuf, qui, littéralement, a proclamé l'Égalité, la Liberté et la Fraternité solidaire de Moïse comme dogme et base de son avènement. C'est cette révolution déiste et mosaïste qui, comme une flèche victorieuse, au centre de la cible, fend le christianisme en plusieurs parts, et qui finira par le faire disparaître à tout jamais.

Les penseurs d'aujourd'hui ne peuvent comprendre que pen-

(1) Une des preuves de la plus sotte mauvaise foi des chrétiens envers les juifs est la manie indéracinable qu'ils ont d'appeler Judas tout juif qui leur déplait. Autant dire un traître digne d'être pendu. Or, qu'était ce Judas? Ce fut un des treize apôtres de Jésus, des Baslys et des Camelinats de cette époque, en un mot, des pas grand'choses! *Mais il y en avait treize, tous juifs comme Judas.* Il y a un pari à faire. Admettons un révolutionnaire aryen divin ou humain, catholique ou protestant, ayant treize conjurés avec lui. Ce n'est pas *un* Judas qui se trouverait parmi eux, mais *cinq*, et encore des Judas qui ne se pendraient pas, par un remord de conscience. Cela ne les empêchera pas, eux, les adorateurs d'un juif, de jeter cette injure à la face du premier juif venu qui leur fait perdre de l'argent, dût-il en perdre lui-même, qui ne leur en prête pas quand ils lui en demandent ou qui leur refuse ses filles, richement dotées, bien entendu, autrement ils préfèrent ne faire d'elles que leurs maîtresses pour les appeler bougresses de juives, quand ils ont leur idéal! Et cela n'en finira pas aussi longtemps que ce prétendu Dieu, la tête de guingois et le corps saignant cloué sur la croix, ne sera descendu, non par des Saphos repentantes, mais par des juges humains composés d'hommes éminents de toutes les religions, au nom de la raison et de la fraternité universelles!

dant des milliers d'années il ait existé des millions d'hommes ayant voué un culte à Bacchus, à Vénus, à Mercure et à Jupiter. Eh bien, les historiens et les penseurs futurs ne pourront non plus comprendre que, durant près de deux mille ans, des milliards d'êtres humains aient adoré pour leur Dieu un Juif crucifié et une vierge-mère juive, tout à fait juive, sans compter un troisième Dieu-homme, infaillible comme Dieu lui-même et qui le représente sur terre sous le nom de pape. Ils jugeront ces troupeaux d'hommes comme des esprits aliénés, hystériquement enragés, affamés d'idolâtrie et de sauvagerie barbare.

VIII

Mais, dira-t-on, les antisémites modernes n'attaquent pas, comme les anciens judéophages, les Juifs pour leur religion. Ils ne désirent aucune conversion, ils en veulent à la race, à la race sémitique, convertie ou non. Voyons.

Autrefois, ils pénétraient chez nous sans masque ni déguisement, au nom du christianisme, pour nous piller et nous massacrer. Ils avaient les peuples et les gouvernements pour eux, qui partageaient avec eux le butin. Aujourd'hui, ils ont encore certains gouvernements qui les protègent, non ouvertement, mais tacitement; mais, n'ayant plus pour eux le peuple *qui n'est plus chrétien*, ils se masquent comme des brigands de grand chemin, reniant le prétexte de religion et prenant le mot d'ordre et de ralliement de l'antisémitisme. Mais plus ça change, plus c'est la même chose! Et la preuve que la race n'est qu'un odieux prétexte de brigandage et de haute gueuserie, la voici :

D'abord, tous nos antisémites, M. Drumont le premier, enregistrent avec joie la haine et le mépris qu'ont pour nous les Arabes, les Marocains et les Turcs, sémites comme les Juifs. On le voit bien en Algérie. Ce sont les chrétiens, soi-disant antisémites, qui excitent les Arabes sémites contre nous, comme jadis ils ont lancé sur nous la populace chrétienne. Pourquoi, s'il est vrai que leur haine soit une haine de race, pourquoi ne font-ils pas la guerre aux autres Sémites? Ah! diront-ils, ils ne demeurent pas au milieu d'eux. — M'est avis que ce n'est pas la vraie raison. La vraie raison, c'est que ces sémites-là ont une armée et un pouvoir pour eux, et que les Juifs, sans armes et sans pouvoir, n'ont personne pour les défendre.

Mais admettons ce prétexte. Alors, s'il n'y avait plus de Juifs sémites parmi les Chrétiens aryens, il n'y aurait plus parmi eux ni guerre, ni crise, ni misère, ni émeute, ni révolution. Pourquoi alors les Français chrétiens et aryens détestent-ils les Allemands également aryens et chrétiens? Nous fera-t-on accroire que la guerre de 1870 a eu pour raison la présence des Juifs en Allemagne et en France? Et la guerre entre l'Autriche et la Prusse? Et pourquoi Bismarck poursuit-il les Polonais, aryens comme lui? Et pourquoi les Russes détestent-ils les Prussiens, aryens comme eux? Et pourquoi les Italiens, aryens et latins comme les Français, s'allient-ils avec les Allemands contre la France? Il faut être logique. Si vous ne détestez les Juifs que comme Sémites, tous les Aryens doivent vivre ensemble fraternellement et se donner un baiser de paix éternelle, le jour où ils auront chassé ou massacré le dernier sémite. Comédie que tout cela! mais comédie tragique, jouée par de détestables comédiens.

Ils se plaignent de notre activité, de notre envahissement, tranchons le mot, de notre supériorité de race. D'abord, c'est un mensonge. Les Turcs sont des Sémites, et ils ont toujours été battus par des Aryens chrétiens et refoulés au fond de l'Asie. C'est que ces chrétiens ont la Bible juive dans le ventre. Quand ils ne vivaient que sur l'Évangile, ces mêmes Sarrasins les ont battus, archibattus et se sont avancés jusqu'à Vienne. Si cela était vrai, pourquoi ne nous ont-ils pas laissés vivre dans nos ghettos, quand, liés et garrottés comme des forçats, nous traînions le boulet galérien, la rouelle juive derrière nous? Dans ce temps ils ne pouvaient se plaindre de notre envahissement. Nous ne pouvions pas faire un pas sans leur permission. Il fallait payer, et payer très cher, les quelques bouffées d'air pestiféré qu'ils nous mesuraient. De notre moindre petit pot de lait ils chipaient la crème, ne nous laissant que le lait caillé. Cela les a-t-il empêchés d'envahir nos ghettos et de nous traîner, la corde au cou et les boulets aux pieds, sur leurs bûchers? Cela les a-t-il empêchés de pénétrer dans nos maisons pour violer et convertir nos femmes et nos filles? Cela les a-t-il empêchés de confisquer nos biens et de se les partager comme des brigands enrégimentés?

Mais voici une autre considération historique. Dans tous les pays catholiques, les plus grandes persécutions contre les

Juifs ont précisément eu lieu dans les siècles qui ont vu surgir *la Réforme* et *la Renaissance des lettres*, par l'invention de Gutenberg, alors que les Juifs, plus malheureux que des esclaves, étaient parqués dans des ghettos, et n'avaient que peu de relations journalières avec les chrétiens.

IX

Arrêtons-nous un instant, ce phénomène nous fera reconnaître le microbe antisémitique moderne.

Avant *la Réforme* provoquée par Luther, Reuchlin, Zwingli, Calvin et vingt autres savants, tous élèves fervents de la Bible, les catholiques, les papes en tête, accordèrent aux Juifs quelques moments de repos, en faisant semblant de les ignorer. Plusieurs papes mêmes les protégèrent par des Bulles contre la rapacité et le brigandage de la populace et des seigneurs criblés de dettes, pourris de débauches, pour lesquels les Juifs n'étaient que des vaches à lait qu'on trayait d'abord et que, faute de lait, on traînait à la boucherie.

Longtemps le papisme, ne vivant que d'ignorance et de superstitions, ne croyait pas au danger des protestations de quelques moines ou savants dissidents, qui ne lui paraissaient que des ambitieux mécontents, ou bien comme une effervescence d'un malaise chronique, que l'on pouvait réduire d'abord par des bulles d'excommunication, puis, à la rigueur, par le bûcher, comme il en a agi avec Rienzi, Arnaud di Brescia et Savonarole. Mais dès que la protestation de Luther, appuyée par un grand nombre de princes et de peuples, dégénérait en guerre religieuse, dès que le catholicisme papal, habitué à un pouvoir universel, absolu, sans limite et sans opposition, se vit ébranlé, vaincu, traîné dans la poussière, plus encore, villipendé, injurié, humilié par des centaines de prédicateurs enflammés surgissant de tous les côtés, dans sa rage impuissante, ne pouvant plus brûler ni les livres ni les hommes sortis du christianisme et ne pouvant détruire l'Ancien Testament, qu'il considérait comme la source empoisonnée de ce mouvement révolutionnaire, il s'en prit aux Juifs, dépositaires de ce livre, dont les ancêtres l'avaient créé et qui venaient de l'enseigner aux chefs religieux anticatholiques de ce mouvement.

Plus les catholiques étaient battus, plus leur rage de vengeance s'exaspérait contre les Juifs. D'autre part, aussi longtemps que les nouveaux Réformateurs espéraient voir les Juifs embrasser leurs nouvelles doctrines et entrer dans leur mouvement, ils les défendaient de leurs paroles, de même que les princes, leurs élèves. Luther lui-même, au commencement de son apostolat, prenait leur défense. Mais les Juifs monothéistes s'étant tenus forcément à l'écart du mouvement, car pour eux la divinité de Jésus prêchée par Luther était de la même farine idolâtre que la virginité de Marie, Luther, faisant cause commune avec ses pires ennemis, les papistes, tournait également sa rage contre eux, et ces pelés, ces galeux qui n'avaient aucun berger pour les défendre, devinrent les bêtes noires et les boucs émissaires de toute la chrétienté catholique et protestante. Seuls les Anabaptistes les ménageaient. L'un d'entre eux, pendant *la guerre des paysans*, Jacob Wehe, demanda pardon à Dieu sur le bûcher, pour avoir poursuivi injustement les Juifs, qui, disait-il, seront le salut de la chrétienté. Les paysans, aussi en guerre avec leurs seigneurs, n'attaquaient jamais les Juifs, malheureux et serfs comme eux.

Jamais, depuis leur expulsion d'Angleterre et de France, les Juifs ne furent si maltraités en Italie, en Allemagne, en Pologne, partout où ils avaient trouvé un empan de terre pour s'y faire enterrer paisiblement, après une vie de misère et d'humiliation, que depuis l'existence des Protestants en Allemagne et des Huguenots en France. Leur histoire de cette époque est un long martyrologe. Il est pourtant à constater que dès l'existence assurée d'un État protestant, ils y trouvèrent un refuge.

Les Protestants n'aimaient guère plus les Juifs que les catholiques, les trouvant opiniâtres, endurcis de cœur, pour ne pas s'être joints en masse au mouvement religieux de la Réforme. Mais, étant eux-mêmes enfants et fils de la Bible, ils ne pouvaient plus les poursuivre, au point de confisquer leurs biens et de les jeter par centaines dans les cachots de l'inquisition.

Jamais pays protestant n'expulsa les Juifs en masse, ni ne les fit brûler sur un bûcher. Une fois la rage des catholiques, qui a duré deux siècles, passée, quelques rayons de paix émergeaient de ces ténèbres pour les Juifs. Et l'on peut dire hardiment qu'ils doivent leur salut à la résurrection de la Bible et au mouvement réformateur du protestantisme qui en est sorti.

****

X

La *Réforme* ayant été entravée par l'existence et *la guerre des Anabaptistes* communistes, qui puisaient leur communisme dans l'Évangile et dans les préceptes de Jésus (qui était bel et bien communiste), et plusieurs États, après avoir adopté la Réforme étant rentrés dans le giron du papisme, comme les Huguenots français après la *glissade* de Henri IV, l'idée monothéiste de la Bible, par-dessus la tête des Juifs rabbiniques, aussi superstitieux que les catholiques, se réfugia dans la Franc-Maçonnerie clandestine.

La Franc-Maçonnerie d'alors, purement déiste, n'était pas plus protestante que catholique ; elle était *déiste mosaïste*, avec toutes ses conséquences politiques et sociales. L'idée protestante avait créé en Suède une espèce de constitution libre avec plusieurs classes, dont la dernière, par élection, en conservant les privilèges de la royauté, de la noblesse et du clergé.

La Franc-Maçonnerie, elle, n'admettait point ni ces classes, ni ces privilèges. Elle était *républicaine déiste*, modelée sur la loi même de Moïse, dont elle a pris aussi l'équerre, le sceau de Moïse, représentant l'Égalité, principe fondamental de Moïse (1).

Elle était, en effet, une République avec le suffrage universel,

(1) Moïse appelle son peuple un peuple *Ségulah*, que l'on traduit faussement par le mot *élu*. *Ségulah* vient de *Segl*, en vieux français, *scel*, en allemand, *Siegel*, en anglais, *sceal*, qui veut dire trésor scellé, un bijou. Ce mot se trouve encore une fois dans la Bible « *trésors royaux* ». En hébreu la lettre *E* s'appelle *Segl*, et

un président vénérable et un orateur en tête, n'admettant d'autre noblesse que celle de la science, de la vertu et de la justice. Tous les grands esprits, tous les grands littérateurs, tous les grands penseurs de l'Allemagne, de la France et de l'Italie étaient affiliés à la Franc-Maçonnerie, d'où est sortie, au bout d'un siècle et demi, la Révolution française de Quatre-vingt-neuf, dont l'Assemblée nationale n'était, en réalité, qu'une imitation calquée sur les *Tenues* de la Franc-Maçonnerie et avec laquelle aucune royauté ni aucune noblesse de naissance n'étaient plus possibles.

Et naturellement, une fois l'idée mosaïste et déiste au pouvoir, elle émancipa les Juifs et les Protestants, qui, pour la nation catholique et jésuitique étaient de nouveaux excommuniés et privés de leurs droits naturels.

Dans ce temps, le catholicisme, en légitime défense, se déclara l'ennemi mortel de la Maçonnerie. Dans certains États catholiques, un franc-maçon risquait sa vie, comme en Espagne et en Autriche. Tel n'est plus le cas de la Franc-Maçonnerie moderne en France, devenue franchement athée, rejetant le grand Architecte de l'Univers, ennemie déclarée de toute conception divine, aussi bien du Judaïsme mosaïque que du Catholicisme papal. N'est-il pas étonnant que, précisément dans un moment où la Maçonnerie joue le jeu de la réaction ultramontaine, celle-ci la poursuive de toutes ses vieilles flèches émoussées, en l'appelant juive ! Si jamais l'ultramontanisme

cette voyelle est figurée par les trois points que voici ∴, représentant une équerre, le sceau de Moïse. Ce sceau, doublé par David, devint son bouclier de guerre, une double équerre ✡. Elle est encore aujourd'hui le blason des juifs, que l'on peut voir dans toutes leurs synagogues.

idolâtre revient au pouvoir en France, il le devra exclusivement aux Maçons athées, à leurs disciples du Conseil municipal et à nos deux assemblées politiques, dont nul membre de la majorité n'ose plus prononcer le mot de Dieu ; mot, d'ailleurs, qui, dans une bouche chrétienne, veut toujours dire Jésus, et dont les membres juifs ne sont tolérés qu'en abjurant leur Dieu au sein de l'athéisme, en d'autres termes, qu'en suicidant leur individualité morale. Le catholicisme actuel doit exclusivement sa résurrection à la franc-maçonnerie athée. Chaque athée crée cinq nouveaux catholiques. L'athéisme et l'idolâtrie se touchent par les deux extrêmes et arrivent au même but : au triomphe de la force sur le droit, à l'exploitation des êtres faibles au profit des êtres forts, par la négation d'un Créateur-Un, devant lequel toutes les créatures sont égales, et qui a créé les forts pour les faibles et non les faibles pour les forts, au nom de la Justice absolue. Avec l'athéisme et l'idolâtrie, l'Égalité n'est plus qu'un mot, la Liberté qu'une illusion et la Fraternité qu'un mensonge fraternicide. L'attaque des Antisémites contre la Maçonnerie actuelle, sous l'épithète de Juifs, n'est donc qu'un masque et qu'une lugubre comédie. Bien loin de renier ces athées anarchistes qui en sont le plus laid ornement, ils comptent sur eux pour le pillage et le meurtre des Juifs, sans la coopération desquels la populace catholique, y compris les cercles de M. de Mun, serait tout à fait impuissante, bien que toute leur existence n'ait pas d'autre but que de profiter de trois jours d'anarchie pour se ruer sur les Juifs et les Protestants et vider leurs caisses, au nom du père, du fils, du Saint-Esprit et de la Vierge, tous Juifs juivants de juiverie !

XI

Les Juifs doivent certainement de la reconnaissance à la Révolution, mais quoi ? Elle-même n'a dû son existence qu'à la résurrection de la liberté, de l'égalité et de la solidarité fraternelle proclamées et codifiées dans l'Ancien Testament par Moïse.

Les Juifs furent-ils à la hauteur de leur mission depuis leur émancipation ? C'est là une autre question que je me réserve de traiter dans une brochure, que j'espère faire paraître dans trois mois, intitulée *le Centenaire de l'Émancipation des Juifs*. On peut hardiment répondre NON ! Comme les poissons de la fable talmudique, quittant leur élément — l'eau — pour folâtrer avec les renards sur le pré émaillé de verdure, pour y être croqués, les Juifs ont quitté leur élément, *qui est la Bible hébraïque et mosaïque*, que tout enfant juif devrait savoir par cœur, pour folâtrer avec les chrétiens tant idolâtres qu'athées et qui les croqueront. ILS SE SONT CHRISTIANISÉS. *Toutes leurs réformes sont chrétiennes ou athées*, pas une n'est mosaïque. Ils ont adopté tous les vices des chrétiens et les ont exagérés. Il n'y a plus, dans les pays où ils vivent émancipés, cinquante Juifs connaissant l'hébreu et les lois de Moïse. Il n'y a pas dix juives françaises ayant lu la Bible et les Prophètes. Ceux qui savent l'hébreu sont des malheureux qui sont les familiers et les flagorneurs des millionnaires ignorants et outrecuidants. Dans le prochain choc universel entre les armées aryennes, dont les unes idolâtres et les autres athées, et qui, *tout en étant de la même race aryenne*, s'extermineront jusqu'au dernier et feront, en une année, de l'Europe un désert (preuve évidente que le Sémitisme et l'Aryenisme sont des fictions mensongères), châtiment que le Temps, ce justicier de Jéhovah, depuis des années, couve et fera éclore de leurs erreurs, de leurs crimes et de leurs iniquités, les Juifs, aussi bien les christianisés rabbiniques que les soi-disant réformés athées, seront broyés des deux côtés! Seul le Mosaïsme pur, dégagé du Judaïsme d'Esra et du Talmud (1), est invulnérable et survivra à toutes les religions et à toutes les révolutions.

On le voit, je ne procède pas par insinuations personnelles comme Drumont, mes idées et mes preuves ne sont basées que sur les faits indéniables de l'histoire. L'histoire des peuples n'étant que le Tribunal de Dieu, où le Temps, son justicier, récompense les vertus jusqu'aux dernières générations (une vertu accomplie il y a mille ans exerce encore ses bienfaits dans les générations actuelles), et frappe les vices impunis jusqu'à la quatrième seulement, mais sans pardon ni rémission. Pour discerner ce jugement de Dieu sur les hommes, il faut avoir la clé divine qui en ouvre les mystères, et cette clé divine se trouve dans les lois de Moïse et ne se trouve que là. Les vérités que les hommes de génie de toutes les nations ont révélées et publiées en de gros volumes, Moïse les a résumées en quelques pages, parfois en quelques mots. Il est vrai qu'il y a mis quarante ans. Ce ne fut pas de trop pour être court. Le

(1) Voir mon *Pentateuque selon Moïse et le Pentateuque selon Esra, avec Vie, Doctrine et Gouvernement authentiques de Moïse*.

grand art du Verbe, c'est de mettre le plus de vérités en moins de mots, et c'est pourquoi la poésie est divine.

XII

Revenons sur quelques faits historiques concernant la lutte entre chrétiens et chrétiens et entre chrétiens et juifs, qui n'avaient jamais l'idée de se combattre comme Aryens et Sémites, puisque les catholiques et les protestants, sous différents noms, se sont fait la guerre avec plus d'ardeur encore, bien qu'ils fussent tous de la même race aryenne.

Ce n'est pas pour rien que la Bible fait sortir tout le genre humain d'une seule famille. Moïse ne connaît que deux races, celle qui adore Jéhovah et suit ses lois de justice et de vertu, et celle qui adore des idoles et viole toutes les lois divines et humaines. Pour Moïse, il n'y a ni étranger ni esclave. « Tu auras la même loi pour tous ! » dit-il. « Tu aimeras *ton prochain* comme toi-même ! » (non ton ami, comme les calomniateurs chrétiens ont traduit le mot *Réécho*).

D'où vient que, depuis que l'idée protestante, sortie de la Bible, s'est incarnée dans des établissements politiques, les catholiques dans toutes leurs guerres n'ont plus gagné une seule bataille contre les Protestants ? C'est un fait historique facile à constater.

L'idée de la *Réforme* vaincue dans les Anabaptistes, qui ont quitté la Bible socialiste pour l'Évangile communiste, a d'abord ressuscité avec Cromwell. Cromwell, à quarante-deux ans, n'avait jamais manié un fusil, mais il savait la Bible par cœur. Imitant Moïse, qui, pour vaincre les Midianites, ne choisit sur cent mille hommes que douze mille, non les plus forts par la taille et le physique, mais les plus fidèles à Jéhovah, avec le jeune Pinhas en tête, Cromwell se forma une armée d'élite de douze mille soldats, tous ardents protestants comme lui et décidés à vaincre ou à mourir. *C'est dans l'histoire le seul général n'ayant jamais perdu une bataille.* Lui, le premier, a embrassé l'idée mosaïste de la solidarité des peuples, *non des races, mais de la même croyance.* Lui, le premier, a pris fait et cause pour les protestants étrangers. Lui aussi a rappelé en Angleterre les Juifs. Depuis ce temps, dis-je, *tous les Catholiques ont été battus par les Protestants.* Louis XIV, d'abord, par Marlborough et le prince Eugène ; Jacques II, par le prince d'Orange. On ignore que dans l'armée anglaise qui, victorieuse, s'avançait jusqu'à Saint-Quentin se trouvaient dix mille français huguenots demandant à combattre dans les premiers rangs leurs compatriotes catholiques, élèves d'Escobar et de Bossuet, et ne contribuant pas peu aux victoires du général anglais. Puis, Louis XV, par Frédéric. De même l'Autriche catholique toujours battue et rebattue par des États protestants, trois fois moins nombreux en population. Les Protestants nous ont pris toutes nos colonies, à commencer par les Indes. Ce n'est que la France *déiste et mosaïste de Quatre-vingt-neuf* qui a recommencé à vaincre toute l'Europe même protestante, les Protestants eux-mêmes étant devenus idolâtres, au nom de Jésus-Dieu et de l'Évangile, dont les principes, comme nous allons le prouver tout à l'heure, sont incompatibles avec la raison et la civilisation sociale.

D'ordinaire toute bataille se gagne non par la force du vainqueur, mais par la faiblesse du vaincu. On s'étonne que la France de Mirabeau et de Robespierre, déiste et monothéiste jusqu'au rétablissement du catholicisme par Bonaparte, ait si facilement vaincu, avec une poignée d'hommes sans munitions et sans vivres, des armées cent fois plus nombreuses et mieux pourvues ? *C'est que l'Europe voulait être vaincue !* C'est que, gouvernée par des castes privilégiées, n'ayant ni liberté, ni égalité, forcée par des prêtres idolâtres d'adorer des veaux et des vaches égyptiens, elle tombait d'admiration dans les bras de la France, qui, au nom d'un Dieu de raison, venait d'abolir toute caste, tout privilège, toute idolâtrie, au nom de laquelle les faibles étaient sacrifiés aux forts. L'Europe lui aurait même pardonné la Terreur, si la France, au lieu de retomber d'abord dans l'athéisme, n'était retournée, avec Napoléon, à ses anciens vomissements catholiques, despotiques et idolâtriques. *Dès lors, l'Europe, ne voulant plus être vaincue*, se tourna, coalisée, contre la France, qui avait acclamé cet Attila moderne, et lui fit expier son crime de lèse-raison, de lèse-Dieu et de lèse-progrès, comme elle l'avait mérité.

Il n'y a point de hasard, ni dans la vie individuelle, ni dans la vie des nations, et c'est Dieu qui bat les batailles, comme l'a déjà dit le prophète, mais non par faveur ou miracle, mais en faisant couver les effets des causes par le Temps, son seul justicier sur terre. Partout et toujours la vérité et la justice produisent des biens terrestres et partout aussi l'erreur et l'injustice sont les mères couveuses des horreurs et des malheurs. Tout est divin dans l'histoire des hommes, car tout est logique, et la logique, c'est la loi de Dieu immuable, inexorable, se suivant toujours elle-même et ne détachant jamais un effet de sa cause, ni par le pardon, ni par un miracle.

Il est de fait qu'il n'existe pas dans l'histoire un véritable grand homme catholique, c'est-à-dire universel, ni dans la politique, ni dans la science, ni dans la littérature (tous les grands génies du christianisme sont anticatholiques, même Dante), ni une grande femme surtout. Il y a un abîme entre la sainteté catholique et la grandeur humaine. On n'est grand que quand on l'est pour tous les peuples et pour tous les temps.

N'oublions pas que Jeanne d'Arc a été condamnée et brûlée par des catholiques et que Galilée a failli monter sur le bûcher, comme tous ses devanciers grands par la raison et le génie.

Un vrai catholique qui croit fanatiquement aux absurdités des dogmes miraculaires est un homme sans esprit et sans raison. S'il n'y croit pas réellement et qu'il combatte les autres en ce nom, c'est un hypocrite capable de tous les maux, incapable de n'importe quel bien ! Tous les vrais grands hommes de France avaient la Bible dans le ventre, y compris Richelieu, et c'est pourquoi il était favorable aux Protestants d'Allemagne. De fait, la France n'a eu qu'un seul véritable grand roi : *Henri IV, un homme de la Bible.* S'il n'avait pas dit la phrase infâme et blasphématoire, *Paris vaut bien une messe !* s'il était resté fidèle à sa foi raisonnée du Déisme chrétien, jamais la France n'aurait vu les dragonnades, ni la Terreur, qui n'étaient qu'une vengeance divine, par le Temps, contre la révocation de l'édit de Nantes ; révocation inévitable, car le dogme catholique, étant l'erreur absolue, ne saurait transiger avec la raison, pas plus que la nuit ne transige avec le jour. Elle n'admet que la lune et les étoiles — des demi-clartés obscurcies par des nuages. D'Aubigné avait parfaitement raison en disant à Henri IV, au moment de le quitter, le lendemain de son abjuration : « Quand tu as renié Dieu de tes lèvres, on te les a percées (il y avait déjà eu une tentative de meurtre sur lui). Et maintenant que tu le renies de ton cœur, on te percera ton cœur ! » Jamais verbe d'un prophète israélite ne s'est réalisé plus vite.

Tous les vrais grands hommes de cette époque avaient étudié et examiné les lois de Moïse : Coligny, une des victimes les plus nobles, que M. Drumont, par des calomnies, transforme en bourreau (c'est toujours le lapin qui a commencé), Sully, Duplessy-Mornay, d'Aubigné, et jusqu'à l'héroïque maréchal de Vieuville, celui qui a conquis Metz, et qui, certes, ne l'eût jamais rendue, lui vivant, et dont le grand Schiller, également er-déiste, a écrit la biographie. C'est que la Bible, malgré ses erreurs miraculaires, ajoutées et interprétées par Esra et son école du second temple, vous ancre dans le cœur la grande vérité que voici — Jéhovah, c'est la Justice ! Donc il faut que l'homme, pour être divin par ses vertus, soit juste comme son Créateur.

Que si l'homme est vicieux et injuste, Jéhovah, à défaut de justice humaine, le frappe sans merci ni miséricorde par le Temps, lui, ses enfants et ses petits-enfants et tous ceux qui n'ont point opposé la justice humaine aux vices et aux crimes, car tout vice et tout crime sont des exploitations de la faiblesse par la force brutale.

Tous les grands penseurs, tous les grands écrivains de France, depuis Abeilard, Montaigne, Amyot, Rabelais, Descartes, Corneille, Molière, Racine, Boileau, jusqu'à Voltaire, Rousseau, Lamartine, et Hugo *sont Déistes Mosaïstes*, y compris même Pascal, qui n'est redevenu catholique qu'en *s'abêtissant*, et qui en est mort fou! Il faut, en effet, être fou enragé pour passer pour un vrai catholique, ou ne pas sortir de son idéal, comme Drumont!

D'ailleurs, les lettres ne doivent leur résurrection qu'à la Bible. Il ne pouvait y avoir avant la Réforme, ni un grand poète, ni un grand écrivain nulle part, et dès qu'il en surgissait un, il était ou torturé, ou exilé, ou brûlé.

Tous les grands dramaturges sortent de la Réforme. Avant la Réforme il n'y avait que *des mystères*, spectacles hideux renouvelés de nos temps obscurcis par l'athéisme et le matérialisme, une vraie provocation au pillage et au meurtre de tous les hommes de raison, ne croyant pas à ces idoles humaines.

Quant aux peintres et aux sculpteurs, jamais peintre ne fut un homme de génie! C'est le dernier des arts! Si tous les Français étaient forcés d'apprendre à peindre, sur trente-six millions il y en aurait au moins cent mille de la force de nos peintres glorifiés, sans compter les peintresses. Et ainsi chez toutes les nations sans exception! Mais pour la poésie et la musique, sa maîtresse servante, vous n'en auriez pas quatre! Jamais peintre, d'ailleurs, ne fut un homme de caractère. D'un trait et selon le pouvoir qui règne, il fait d'un Jupiter un Jésus et d'une Vénus une Marie, et *vice versa*. Et quant à la peinture religieuse, il n'y en a pas. Elle n'existe que dans l'œil du spectateur, comme l'a déjà dit Lessing dans son *Traité sur le Beau*.

Une belle femme qui donne à teter à son enfant n'est une vierge que pour un catholique croyant et *abêti*, pour me servir du mot de Pascal. Pour un protestant, un juif et un musulman, c'est une belle femme aux seins nus, réveillant plus ou moins le désir d'amour, en un mot, une excitation à la débauche. Il en est de même d'une statue de Jésus. Pour un catholique, c'est une excitation à la vengeance, jamais à la résignation; pour un infidèle, c'est un spectacle hideux de meurtre dont il détourne la tête. Quand un sculpteur a du génie, comme Socrate, il jette son ciseau et prend la parole ou la plume. Michel-Ange lui-même eût préféré le verbe, comme il le dit dans ses Stances. D'ailleurs, le tableau comme la statue, le temps les détruit et les ronge, tandis que le verbe seul est immortel comme Dieu d'où il émane. Et, de fait, la peinture et la sculpture n'ont jamais contribué au perfectionnement spirituel et matériel d'un peuple. Ces arts-là ne brillent au premier rang que chez les peuples en décadence, comme à Athènes, à Rome, en Italie, en Espagne, et, à l'heure qu'il est, en France. N'y eût-il en France que la grande gloire attribuée avec tant de fracas et de frais à ses peintres et à ses sculpteurs, qui ne sont que *des manouvriers de l'esprit*, cela seul suffirait pour prédire, à coup sûr, sa déchéance comme nation et comme initiatrice de la civilisation et de l'humanité.

———

XIII

Mais, dira-t-on, il y a des antisémites chez les protestants! L'antisémitisme n'est-il pas sorti de Stocker et de Bismarck, protestants ardents, du moins en apparence?

D'abord l'antisémitisme est sorti de la *Gazette de la Croix*, rédigée par Wagner. Ce journal, organe de la noblesse féodale, appauvrie par le désordre de sa vie matérielle et l'incapacité de sa vie intellectuelle, dont les membres, presque tous dans l'armée, mourraient de faim, s'ils étaient forcés de gagner leur vie en dehors de la vie militaire et fainéante, que les Allemands appellent traineurs de sabres, ce journal, dis-je, n'a été fondé que pour poursuivre tous les jours les juifs et le judaïsme, auxquels il attribuait exclusivement la décadence de la noblesse chrétienne.

Le protestantisme de la Croix qu'on a baptisé du nom de piétisme ne diffère en rien du papisme, et, chose curieuse! ce protestantisme soi-disant évangélique a été inauguré en Allemagne par des juifs convertis, que M. Drumont poursuit de ses sarcasmes, bien qu'ils fussent des auxiliaires puissants de ses amis actuels.

Il y a des hommes qui disent : mais ce christianisme idolâtre, papal et fanatique, n'est pas celui de l'Évangile! Ces gens-là n'ont jamais lu l'Évangile. Personne, d'ailleurs, aujourd'hui ne lit plus un livre sérieux, pas plus l'Évangile que la Bible. On n'a plus le temps de rien lire ni de rien faire.

On passe son temps à lire les journaux et à faire des discours. Autant parler de ces oiseaux multicolores qui ne gazouillent que pour faire du guano. Toute notre littérature, journaux, académies, romans, théâtre, n'est que du fumier humain. Ce n'est plus la tête qui travaille, mais le cul!

Quelques citations de l'Évangile suffiront pour prouver que ce livre est l'opposé de toute raison, de tout progrès, de toute civilisation et qu'aucune société, même chrétienne, n'est possible huit jours, pour peu qu'elle suive à la lettre les soi-disant admirables principes de l'Évangile.

XIV

Commençons par la justice. Non seulement l'homme qui suit les préceptes de l'Évangile ne perdra pas une parole pour empêcher une injustice faite à son prochain, mais il ne lèvera même pas la *main* contre l'injustice commise envers lui-même. Il est dit, saint Matthieu, chap. V, v. 38 : « Vous avez entendu qu'il a été dit : œil pour œil et dent pour dent (Moïse l'avait dit pour empêcher le riche de blesser ni de tuer le pauvre et *de ne payer qu'une amende*, loi odieuse en usage encore du temps de Charlemagne). Mais moi je vous dis de *ne point résister aux mauvais traitements*. Si quelqu'un vous frappe sur la joue droite, présentez-lui l'autre. A celui qui vous a enlevé votre tunique, abandonnez encore votre manteau, et quiconque vous forcera de faire mille pas, faites-en encore deux mille avec lui. »

Ainsi donc, l'homme, le vrai chrétien, doit endurer toute iniquité de la part d'un autre homme, à plus forte raison ne doit-il jamais s'opposer aux injustices faites au prochain. Le vrai juste, d'après l'Évangile, est celui qui ne s'occupe jamais de ce qui est juste ou injuste. Il n'a — l'*Imitation de Jésus-Christ* le dit en toutes lettres, — il n'a qu'à se claquemurer dans sa cellule et ne pas faire le mal lui-même. Quant à l'homme inique, à l'oppresseur, à l'odieux tyran, qu'il se repente seulement un instant avant la mort, et les faveurs du ciel pleuvront sur lui et les siens, dût ce repentir rester stérile pour les dupés, les spoliés et les assassinés, ses victimes. On lit, saint Luc, chap. XV, v. 7 : « Je vous dis qu'il y aura plus de joie dans le ciel pour un seul pécheur qui fait pénitence que pour quatre-vingt-dix justes qui n'ont pas besoin de pénitence. » C'est l'idée mère du Talmud (voir *Moïse*, le *Talmud* et l'*Évangile*). C'est là la raison des grands repentis qui s'appelaient Constantin et Ludowig. Lisez leur vie et frémissez d'horreur. C'est la base de la justice chrétienne du moyen âge. Saint Marc, chap. II, v. 17, ajoute : « Je ne suis pas venu appeler les justes, mais les pécheurs. »

C'est une véritable excitation à tous les vices, à tous les crimes. Quoi d'étonnant qu'il n'y ait pas de véritables justes parmi les chrétiens !

La raison n'a pas droit de bourgeoisie dans l'Évangile. La foi y tient lieu de tout, et c'est la foi aveugle à toutes les violations de la loi naturelle. Saint Jean, chap. II, v. 14 : « Et comme Moïse éleva le serpent au désert, ainsi il faut que le Fils de l'homme soit élevé, afin *que celui qui croit en lui ne périsse point*, mais qu'il ait la vie éternelle. *Qui croit en lui ne sera point jugé, mais qui n'y croit pas est déjà jugé.* » Et comment faut-il croire? Saint Luc, chap. XVII, v. 6, vous le dira. « Et le Seigneur leur dit : Si vous aviez la foi comme un grain de sénevé, vous diriez à ce mûrier : *Déracine-toi et transplante-toi au milieu de la mer, et il vous obéirait.* »

On le voit, la foi à la violation de toutes les lois de la nature et de la raison n'est pas un dogme des Conciles, mais de l'Évangile. Quiconque, d'ailleurs, n'y croit pas *doit mourir*. L'Inquisition n'est nullement une invention des catholiques : *elle est évangélique*. (Saint Luc, chap. XIX, v. 23.) Dans la parabole plus que curieuse contre le détenteur du marc d'argent *qui ne l'a pas fait fructifier par le changeur*, Jésus dit : « *Quant à mes ennemis qui n'ont pas voulu que je règne sur eux, amenez-les et faites-les mourir devant moi.* » Saint Louis, sur ce texte, a établi l'Inquisition, d'abord à Toulouse (1237), puis dans toute la France. Son inquisiteur, premier du nom, s'appelait le cordelier Robert. Saint Louis était un chrétien aussi logique qu'évangélique. Saint Matthieu, chap. XVIII, dit encore : « Mais celui qui scandalise un des plus petits, *croyant en moi, mérite que l'on suspende une meule de moulin à son cou, et qu'on le jette au fond de la mer.* » O douceur évangélique !

Jésus, après avoir dit : « Heureux les pauvres d'esprit, » répète pourtant à ses disciples, saint Matthieu, chap. X, v. 16 : « Soyez prudents comme des serpents. » *Il recommande de maudire les villes qui ne les accueilleraient pas avec bienveillance,* « *afin que ce soit un témoignage contre elles.* » Quant au pardon, il est réservé à la femme perdue *revenue à la foi* (Madeleine), au gandin prodigue pour lequel on tue le veau gras, et tant pis pour le fils aîné *qui fut toujours honnête, juste, raisonnable et adorant ses parents* (voir l'histoire du fils prodigue); mais malheur à celui qui ne croit pas que les mûriers se transplantent dans l'eau de la mer!

L'Évangile ne s'impose jamais au nom de la raison humaine, mais toujours par la violation de cette raison, par un miracle.

Ceux qui veulent évincer les miracles de l'Évangile ne l'ont jamais lu, ou croient parler à des personnes qui ne l'ont même pas parcouru. Il n'y a pas dans l'Évangile une ligne dans laquelle Jésus ne montre sa toute-puissance par une violation de la loi naturelle. Il accorde le même pouvoir à ses apôtres, saint Luc, chap. IX, v. 2 : « Et il les envoya prêcher le royaume de Dieu *et rendre la santé aux malades.* » Le seul reproche qu'il fait aux Juifs, *c'est de n'avoir pas cru à ses miracles*, saint Jean, chap. XV, v. 24 ; il dit : « Si je n'avais point fait parmi eux des œuvres qu'aucun autre n'a faites, *ils ne seraient pas coupables.* Mais maintenant ils les ont vues, et ils ont haï et moi et mon père. » Inutile d'ajouter qu'il n'y a pas une œuvre de Jésus dans l'Évangile qui ne soit un miracle.

C'est là, si l'on n'ergote pas, la base fondamentale de la politique sociale du moyen âge. Dieu peut tout. Il peut violer toutes ses propres lois, et il les viole pour son bon plaisir, ou pour ses élus, *qui ont foi en lui.* Il a ses privilégiés, auxquels tout crime pourra être et sera pardonné, mais il a aussi ses réprouvés et ses damnés.

Et d'abord, tous ceux qui, au nom de la raison jaillie du Créateur, et de lui seul, ne croient pas que ce même Créateur de la *loi* ne la viole ni la suspende jamais pour qui que ce soit, ne croient même pas qu'il *puisse* la violer. Que s'il avait ce pouvoir, que si la *loi ne fût pas immuable*, rien ne pourrait exister une minute. Ceux-là, *ennemis de la foi, qu'on les amène et qu'on les tue*, ou bien *qu'on attache*, en guise de circonstance atténuante, *une meule à leur cou pour les noyer dans la mer*.

Conseil évangélique suivi à la lettre, et qui le serait demain, si l'État, au lieu de représenter la raison philosophique, redévenait l'incarnation du christianisme.

L'Évangile prêche une providence individuelle, véritable *fatalité* qui ne peut être changée que par le Père (saint Luc, chap. XVII, v. 33) : « En cette nuit-là, deux femmes étant ensemble à la meule, l'une sera prise et l'autre sera laissée. Deux hommes seront dans un camp, *l'un sera pris et l'autre sera laissé.* » De justice, de solidarité, pas une trace ! Toujours le moyen âge ! l'arbitraire ! le bon plaisir !

Quant au travail, source de tout bonheur, réhabilité par Moïse qui, le premier, a dit à son peuple : Six jours tu travailleras et le septième tu te reposeras, toi, ton serviteur, ta servante et ton animal ; le travail, qui, loin d'être un châtiment, est le sceau de la noblesse divine, l'Évangile le condamne plus de dix fois. Dans les quatre Évangiles, Jésus dit à ses disciples : « Donnez tout aux pauvres, ne possédez rien, ne travaillez pas, ne labourez pas : le lis ne travaille pas, bien qu'il soit plus brillant que Salomon dans sa pourpre. » — Oubliant que si les Salomons ne labouraient pas, il n'y aurait pas de lis du tout, il n'y aurait que des chardons, des épines, des serpents et des tigres. — « *Croyez en moi*, suivez-moi, le reste vous viendra en surcroît. » Et quand les disciples crient famine, Jésus, par un miracle, fait jaillir mille pains d'un seul. Et quand il faut payer l'impôt, il leur dit (saint Matthieu, chap. XVII, v. 26) : « Allez à la mer, jetez l'hameçon; le premier poisson qui sortira de la mer, prenez-le, ouvrez-lui la bouche, *et vous y trouverez une pièce d'argent.* » Les chrétiens, suivant cette règle, ont toujours pris les juifs pour ces poissons, tenant une pièce d'argent dans leurs gueules hameçonnées. Et quand les hommes de foi veulent aller à la noce, Jésus transforme l'eau en vin ou multiplie les turbots. C'est, ou je me trompe fort, une véritable glorification de la *paresse croyante* aux dépens du *travailleur raisonnable*. Le riche a beau être honnête, avoir acquis sa fortune à la sueur de son travail, la partager même avec l'infirme pauvre, — car tout pauvre valide qui ne travaille pas est forcément un malfaiteur: quiconque ne travaille pas dans le bien travaille dans le mal, — le riche n'entrera pas au ciel, il est exclu du royaume de Dieu! Mais la courtisane croyante, l'assassin, le tyran, le voleur *repentis* y entrent! C'est là encore l'image de la vie sociale du moyen âge et, pourquoi ne le dirais-je pas? des États soi-disant *chrétiens* des temps modernes.

Quant au mot: « Rendez à César ce qui appartient à César, » rien, en Judée, absolument rien, n'appartenait de droit à César, à moins que ce ne fût en vertu du droit du plus fort, première et dernière expression de la barbarie la plus inhumaine!

Il est temps de confondre nos modernes tartufes qui, au nom de l'Évangile, se disent chrétiens en balbutiant les mots: liberté, égalité et fraternité. Véritable cancer de la littérature, de la poésie et du journalisme du XIXe siècle. L'Évangile n'est pas un système philosophique qui se laisse scinder, il s'annonce comme le livre de Dieu: il faut ou tout prendre ou tout laisser.

On n'a qu'à lire ou à écouter nos modernes champions du

progrès, au nom du christianisme tamisé, épuré, passé au crible de la raison, pour se convaincre que depuis Voltaire pas un journaliste, pas un écrivain, pas un homme d'État n'a consciencieusement lu l'Évangile. Il faut que cette comédie finisse à tout jamais. Soyez chrétiens, mais, vous disant chrétiens, pratiquez et professez les principes du christianisme que je viens d'énoncer, appuyés sur des textes indéniables. En ce cas, plus de justice, plus de liberté, plus de solidarité, plus de fraternité! oui, de fraternité. Celui-là seul est votre frère qui croit en la toute-puissance du Christ, pouvant violer et violant toutes les lois de la raison, quand tel est son bon plaisir! Plus de liberté, surtout!

Car à quoi sert la liberté d'opter entre le bien et le mal, s'il suffit d'une prière, d'un don pour faire pardonner les crimes les plus abjects? Point de liberté possible sans une responsabilité absolue, sans une loi immuable, en vertu de laquelle toute cause produit inévitablement son effet, sans pardon ni rémission.

XV

On le voit, les soi-disant chrétiens protestants de l'Évangile sont forcément des ennemis de l'Ancien Testament, proclamant la justice absolue sans pardon, au nom d'un Jéhovah, seul créateur de tous les êtres et au nom de la liberté, de l'égalité et de la fraternité. Il est vrai que ces principes évangéliques sortent du judaïsme esraïque et pharisóique dont ils ne sont que des âmes poussées à la démence et à l'abêtissement. Honteux de cette extraction, sans laquelle ils n'existeraient pas, ayant puisé leur peu de vérités sociales dans la Bible de Moïse, par-dessus l'Évangile, ils ont inventé le mot antisémitisme pour n'avoir pas l'air d'attaquer la religion juive, sans laquelle ils ne seraient encore que des brutes païennes peu supérieures à leurs porcs et à leurs ânes, inférieures même sous certains rapports (car on n'a pas vu encore des porcs sacrifier leurs semblables à leur dieu) et à l'état desquels ils sont sur le point de retourner, en vertu des principes de Darwin, et de leurs propres écrivains idolâtres ou athées, dont Bismarck est le grand prêtre avec sa devise *la force prime le droit*, et qui est un grand homme d'État aux yeux de M. Drumont, rien que parce qu'il hait autant les Juifs que les Français.

Les fondateurs de la République américaine ne l'ont pas fondée sur l'Évangile. C'étaient des presbytériens bibliques, disciples de Cromwell et leur république basée sur le Déisme a commencé, avant la France de quatre-vingt-neuf, par proclamer la liberté de conscience la plus absolue. Un pouvoir chrétien n'eût jamais émancipé les juifs, pas plus que l'erreur n'émancipera la vérité. Si les Américains avaient accepté le sabath mosaïque, tout juif aurait pu adopter leur religion, car le sabath mosaïque est la pierre fondamentale du Dieu-Un et, partant de la liberté de l'homme, tandis que le dimanche est la fête de la résurrection de Jésus. Le Dieu des Juifs n'a jamais été ressuscité, parce qu'il n'en a pas besoin, n'étant jamais mort pour racheter des gredins d'hommes. Jupiter était immortel. Jésus mortel, mourant tous les jours sur sa croix, n'a même pas l'air d'être ressuscité !

La République américaine périra par ses idolâtres catholiques et ses athées allemands. Les catholiques américains, comme partout, ne reconnaissent d'autre pouvoir que celui du Pape, leur roi absolu et infaillible.

Nulle monarchie catholique ne peut durer ni ne durera vingt ans, sans guerre civile ou étrangère. Où le roi est l'esclave du pape, alors c'est un gouvernement d'arbitraire absolu, dont le chef est un étranger, en opposition avec tous les citoyens éclairés de la nation ; ou il est son ennemi, alors c'est la guerre civile avec son clergé et leurs fidèles, qui obéiront partout et toujours plutôt à leur roi qui réside à Rome qu'au monarque de leur nation. Et pourtant ils sont tous aryens ! c'est le cas de la monarchie italienne et espagnole, qui n'échappera pas à cette alternative.

Quand l'Angleterre a émancipé les catholiques, elle a oublié que ces catholiques ont un gouvernement monarchique tout établi, fonctionnant merveilleusement par ses ministres les jésuites et ne voulant être émancipés que pour faire la guerre à l'Angleterre protestante. C'est toujours la même devise : « La maison est à moi ! » Toute la question irlandaise, devenue une question de vie et de mort pour l'Angleterre, n'est en réalité qu'une guerre spirituelle entre le protestantisme anglais et le catholicisme romain, guerre qui dégénérera forcément, plutôt tôt que tard, en une guerre matérielle, fratricide et aryenicide, comme du temps de Cromwell. Nulle paix n'est possible entre les gouvernements nationaux catholiques et protestants et le gouvernement infaillible du pape, ce dernier mit-il momentanément sa cocarde infaillible dans sa poche! A plus forte raison aucune république n'est admissible ni avec le principe catholique, ni avec le principe évangélique, ni surtout avec l'athéisme, l'absence de tout principe, autant dire un homme voulant vivre sans la circulation du sang, qui est son principe vital.

Le Déisme est le sang de toute République!

Le catholicisme papiste (et il n'y en a pas d'autre) est la robe de Nessus de la monarchie. Toutes les monarchies chrétiennes tombées, surtout la monarchie française, doivent leur chute au catholicisme.

Sans mettre en compte les raisons que je viens de citer, qui rendent tout pouvoir catholique incompatible avec le progrès national au bout de quelques années, il y a encore un autre ver rongeur dans le catholicisme dogmatique. Comme tout citoyen catholique confond Dieu avec Jésus, et que sa femme le confond avec la personne de Marie, dès que, par une lueur de raison, ils rejettent ces déités, ils renient en même temps toute idée de Dieu et deviennent de purs ou plutôt d'impurs athées. Or, l'athée, s'il est riche, est ou sera forcément un homme immoral, n'admettant dans la vie sociale que le principe de la force, autrement dit le *combat pour la vie* d'où il faut sortir vainqueur, n'importe par quel moyen, absolument le même principe des jésuites, *la fin justifie les moyens*. Car entre l'idolâtrie et l'athéisme, il n'y a pas l'épaisseur d'un fil de soie. Et si l'athée est pauvre, c'est, ou ce sera un gueux, un apprenti malfaiteur et c'est encore et toujours la guerre civile en permanence.

Les Catholiques et les Protestants piétistes et féodaux, tenant à leurs privilèges, sentent ce vice de complexion spirituelle et pour détourner d'eux les regards scrutateurs du peuple, ils attaquent les Juifs, non pour leur religion, car ils n'osent plus entrer en discussion avec elle, mais pour leur race, en leur attribuant tous les malheurs que produisent et que produiront les athées. Ceux-ci, n'étant en réalité que les vers rongeurs de l'idolâtrie catholique, ne la craignent pas, étant sûrs de la dévorer, morceau par morceau, mais qui, forcés de disparaître avec l'idée déiste du mosaïsme et des principes de quatre-vingt-neuf, s'allient avec elle, ne fût-ce que momentanément, contre l'ennemi commun, quittes à s'entre-dévorer le lendemain.

XVI

Pour ne point remonter au passé si vite oublié, d'autant plus vite que jamais la philosophie de l'histoire, inventée par Voltaire, ne fut en une telle décadence que depuis un demi-siècle, restons dans l'histoire de France vue et vécue par mes contemporains.

Sont-ce les Juifs qui ont renversé le premier Empire? Certes Waterloo est écrit, par la justice de Dieu, sur le dos du 18 brumaire! Mais qu'on n'oublie pas que les défaites, coup sur coup, de Napoléon Ier datent du Concordat! En retournant au moyen-âge et à ses superstitions irrationnelles et antiprogressives, il s'est aliéné tous les peuples de l'Europe affamés de raison et de liberté. Si le premier Empereur, au lieu de revenir au catholicisme papal, avait hardiment introduit comme religion d'État la religion déiste de Henri IV, sa dynastie régnerait encore en France. Mais il est vrai que si Napoléon, l'homme le plus ignorant et le plus illettré de la Révolution, avait été un penseur et un philosophe, il n'aurait pas fait le 18 brumaire, car l'on peut être un grand philosophe et en même temps un grand général. Inutile de citer des exemples, depuis David jusqu'à Frédéric le Grand!

Napoléon Empereur et catholique, libéral ou non, ce fut le rétablissement du règne de Louis XIV, sans Corneille, Molière et Racine. Si son règne avait duré, il y aurait eu forcément, ou une révolution, ou une nouvelle révocation de l'édit de Nantes pour les Protestants et les Juifs. Il avait déjà fait un essai avec ces derniers par son décret du 8 mars 1808. L'erreur ne peut régner que par l'iniquité, car c'est par l'iniquité qu'elle court à sa perte, le coquin courant plus vite après le châtiment, que le châtiment après le coquin!

Sont-ce les Juifs qui ont renversé Charles X et son règne jésuitique? Louis XVIII a tout fait pour n'être pas catholique (et il ne l'était pas, non plus). Charles X n'avait qu'à être un seul jour un vrai catholique pour que son règne disparût, emporté par les souvenirs de quatre-vingt-neuf.

Louis-Philippe ne fut, certes, pas un catholique sincère. Il était au fond un déiste voltairien, mais il n'avait pas le courage de son opinion. Il ne suffit pas qu'un roi soit tolérant et sceptique. C'est un vent qui passe !

Il faut que le principe même de liberté et d'égalité soit installé sur le trône, comme un dogme de foi et prêché par les ministres du culte, sans aucune intervention d'un pouvoir étranger. Si Louis-Philippe, au lieu de marier seulement son héritier présomptif avec une protestante, avait eu le courage de proclamer la Réforme et de revenir à la foi de son aïeul, à laquelle Henri a dû toutes ses victoires, jamais sa dynastie n'eût été renversée ! La France de 1830 l'eût acceptée avec acclamation !

Et, de fait, nul changement de dynastie n'a jamais réussi nulle part, sans changement de religion ; vérité qu'a déjà sentie le roi Jéroboam, en séparant Israël de Juda et qui s'est renouvelée dans tous les pays européens. Déjà la race capétienne a changé le système religieux de France. D'elle, date le pouvoir absolu du pape. Même phénomène en Suède, en Prusse et en Angleterre. Une branche cadette de Bourbons catholiques ou un bonapartisme catholique est un non-sens et une superfétation. Les catholiques n'ont pas besoin de changer de roi. Leur roi est à Rome. Il est infaillible et tous les autres monarques, comme qu'ils s'appellent, dès qu'ils le reconnaissent, ne sont que ses vassaux et ses vavassaux, quelle que soit la couleur de leur drapeau !

Mais Louis-Philippe avait une princesse étrangère catholique et bigote pour femme. Elle et sa sœur Adélaïde, également bigote et catholique, ont fondé l'*Univers*, car ce sont ces deux femmes qui ont livré les premiers fonds à ce journal papiste ; tous les journaux de cette époque en font foi. C'est grâce à elles, quoique indirectement, que la lutte entre le catholicisme ultramontain et le catholicisme, soi-disant libéral (autant dire un nègre blanchi) a dégénéré en guerre civile spirituelle et quand la révolution de février est venue, le gouvernement de Louis-Philippe redevenu catholique, était déjà caduc et gangrené. Le 24 février n'était qu'une chiquenaude, une nazarde révolutionnaire, mais elle a suffi pour renverser ce faux déiste aux jambes d'idole en argile. Un pouvoir protestant, comme un roseau aurait plié devant cet ouragan, mais se serait, certes, relevé quelque temps après, comme l'a fait le roi de Prusse, pas celui, qui est devenu empereur, mais son frère, qui était un homme d'esprit et un orateur lettré, pendant que l'empereur actuel a pris la fuite en Angleterre.

Oser prétendre que les Juifs et la juiverie étaient pour quelque chose dans la guerre de 1870, c'est non seulement un mensonge historique manifeste, mais un signe d'abaissement national, car je ne sache pas que la presse française ait protesté avec indignation contre cette calomnie drumontienne. Il est de notoriété européenne que cette guerre était exclusivement l'œuvre d'une conspiration papiste ourdie par l'impératrice, bigote et sotte Espagnole, avec Jérôme David, Paul de Cassagnac et M. de Grammont, par-dessus la tête de ce Narcisse politique et parlotier qui s'appelle Émile Olivier et même contre la volonté sénile et débile de l'empereur (1). C'est cette

(1) Voici une curieuse anecdote historique. On sait que Montefiore est allé avec M. Crémieux à Damas, pour arracher quelques innocents Juifs à la torture et à la mort, accusés faussement d'avoir assassiné le père Thomas, pour se servir de son sang dans leurs pains azymes, accusation répétée par Drumont.

Plusieurs de leurs malheureux frères venaient de succomber, après avoir été femme étrangère qui n'avait pas une veine française dans le corps, instrument aveugle des jésuites de Rome, qui voulait avoir sa guerre catholique pour son fils, contre la Prusse protestante.

mis à la question sans aucun jugement. Ils parvinrent, grâce au consul autrichien et à Mehemed Ali, à faire acquitter les Juifs, emprisonnés par un jugement solennel, malgré les agissements du consul français, M. Ratti-Menton, d'odieuse mémoire, soutenu (on ne devinera jamais par qui) par M. Thiers! M. Thiers, je tiens ce fait de M. Crémieux lui-même, qui ne croyait pas aux chemins de fer, qui ne connaissait point l'Ancien Testament, comme il l'a avoué à M. Crémieux, croyait alors à la calomnie populaire de l'usage de sang chrétien pour les pains azymes des Juifs, eux, qui ne mangent même pas comme les chrétiens, le sang des animaux. Plus tard il est revenu de cette erreur. Les Juifs accusés à Damas furent donc acquittés. Mais, malgré ce jugement, les jésuites avaient fait graver sur la tombe du Père Thomas : « Ci-gît le Père Thomas, assassiné par les Juifs pour avoir du sang chrétien dans leurs pains de Pâque! »

Montefiore, espérant obtenir justice contre cette fausse inscription, se rendit à Paris, je ne sais plus dans quelle année, et n'ayant pu rien obtenir du ministre des affaires étrangères, il demanda une audience à l'Empereur lui-même, qui la lui accorda gracieusement le jour même.

Quand il fut introduit dans le cabinet de l'Empereur, il vit l'Impératrice sortir précipitamment par une autre porte. Mauvais signe! se dit-il. Enfi[illegible] après avoir exposé le cas à l'Empereur, qui l'écouta silencieusement, celui-ci, t[illegible] en l'accablant de compliments et de témoignages de sympathie, lui dit :

— Mon cher Montefiore, je suis désolé de ne pouvoir rien vous promettre de définitif. J'essayerai; mais mon pouvoir, je le crains, ne va pas jusque-là!

Je compris, ajoute Montefiore, que c'était l'Impératrice qui s'opposait à cet acte de justice.

— Alors, dit-il à Napoléon, il ne nous reste que la justice de Dieu.

— Qui est souvent bien tardive, ajouta l'Empereur.

— Mais qui vient tôt ou tard, répondit Montefiore, en prenant congé de Sa Majesté impuissante.

Deux ans après, les Druses, descendant de leurs montagnes, ont, non seulement détruit, pièce à pièce, le tombeau du Père Thomas, avec l'inscription calomnieuse, mais encore l'église même où se trouvait ce tombeau!

Quant à la justice de Dieu, elle n'était pas tardive, ni pour l'Empereur, ni pour l'Impératrice.

Les Allemands ne s'y sont pas trompés. Ils ont bien compris que derrière l'Impératrice se tenait le pape lui-même, un instrument des Jésuites. Jamais les Allemands ne se seraient battus avec tant d'ardeur, s'ils n'avaient pas considéré la guerre de 1870 comme une guerre religieuse!

Presque tous les rois de France doivent leurs malheurs à leurs femmes étrangères, y compris Henri IV!

J'ai déjà nommé Louis-Philippe. Si son fils avait épousé une Française, eût-elle été une fleuriste de Belleville ou une modiste de Batignolles, cette Française, le 24 février, n'eût point lâchement pris la fuite devant le peuple révolté. Elle eût été régente ou elle serait morte sur place.

Si cette espèce d'écuyer de cirque, qu'on appelle Napoléon III, eût épousé une Française, eût-elle été une lorette (Frédéric le Grand, dans une lettre à Voltaire, dit : « J'aimerais mieux épouser une franche coquette qu'une bigote, » outre qu'elle eût fait faire la guerre à la Prusse en 1866 et non en 1870, elle n'eût jamais, le 4 septembre, pris la fuite devant ce fantoche qui s'appelle le général Trochu, qu'elle aurait souffleté du bout de son éventail.

Si le comte de Chambord avait épousé une Française à la place de sa bigote Italienne, qui n'avait pas une goutte de sang français dans les veines, au lieu de le laisser mener par de vieilles perruques de la *Quotidienne* et les douairières décrépites du faubourg Saint-Germain, bigotes comme elle, elle serait montée à cheval avec lui en 1848, après les événements de Juin, bien entendu après avoir solennellement adopté les principes de Quatre-vingt-neuf, défendus par MM. de Genoude, de Lourdoueix et, hélas! par moi, dans la *Gazette de France*, au risque de mourir avec lui sur les boulevards de Paris! Une Française aurait mieux aimé mourir en France que de pourrir vivante à l'étranger! Mais malheur aux Juifs, aux Protestants et à tous les libres penseurs, si cette sotte Italienne était montée sur le trône de France, avec le drapeau blanc et au nom du pape, son seul conseiller consulté et écouté! Les dames juives et protestantes qui ont pris le deuil à la mort de cette laide papiste, mériteraient d'être fessées en plein public, ou, pis encore, converties de force à la foi de leur reine étrangère.

Si le maréchal Mac-Mahon avait eu une étrangère pour femme, il eût tenté un coup d'État; une fois la guerre civile déchainée (et elle eût été inévitable), les royalistes non seulement eussent été décimés, mais cette guerre civile eût été suivie par la guerre étrangère, et c'eût été la fin de la France! Toute guerre, à moins de légitime défense, est un fléau, pour le vainqueur aussi bien que pour le vaincu, et un châtiment divin pour les crimes et les iniquités des humains. Le sang innocent qu'une guerre verse, la terre ne le boit pas. Il crie vengeance. Et le Temps, ce justicier de Dieu, ne la lui refuse jamais, car sans justice, dans tous les mondes, l'Univers s'écroulerait! Le monde n'a qu'une base : la justice! la justice sans pardon. De là vient que toute guerre provoque une autre guerre.

Les rois de France, aussi longtemps qu'ils ont épousé des princesses françaises, malgré leurs faiblesses, ont prospéré et contribué à l'agrandissement de leur pays. Dès qu'ils ont épousé des princesses étrangères, ce qui, soit dit en passant, les a jetés dans les bras des maîtresses françaises, la royauté a déchu. Avec une reine française, jamais la Saint-Barthélemy n'eût eu lieu. Il n'y a qu'une seule exception à citer, Mme de Maintenon ; mais elle était une convertie. Le malheur d'une personne convertie, homme ou femme, c'est qu'elle ne peut plus être elle-même. Elle ne peut pas plaider la cause, fût-elle juste, de ses anciens coréligionnaires qu'elle a quittés, ni faire des observations, fussent-elles judicieuses, à ses nouveaux qui n'acceptent d'elle qu'un rôle exagéré, tout au plus un consentement tacite à tous leurs vices, même à tous leurs crimes. Mme de Maintenon n'en est pas moins la seule Française qui, sur le trône ou sur le marchepied du trône, ait favorisé ou toléré le fanatisme odieux et sanglant contre ses anciens coréligionnaires. Honte sur elle et sur son souvenir !

C'est que la Française comme la juive, quoi qu'en dise M. Drumont, se distingue non seulement par sa grâce native, mais encore par sa raison équilibrée. Ce sont les seules femmes entre toutes qui aient de l'ordre et de l'aptitude naturelle pour le commerce et l'industrie. Et c'est par la même raison qu'elles seules ont du goût, le goût n'étant qu'un sentiment de ce qui est juste en évitant les deux extrêmes de ce qui est de trop et pas assez, sentiment qui fait complètement défaut à M. Drumont, et que pas une étrangère, fût-elle spirituelle et savante, ne possède !

XVIII

Le lecteur ne m'en voudra pas pour avoir un instant perdu de vue M. Drumont, qu'on dirait un homme hypnotisé par Bismarck et Stoecker, véritable figure d'un aveugle tenant une lanterne pour éclairer une caverne de brigands. M. Drumont sait très bien que les Juifs ne sont pas athées, que les athées sont aussi ennemis de Jéhovah de Moïse que de *son* Christ, *notre* Jésus. Si les Juifs étaient au pouvoir, comme il le dit, on n'aurait point expulsé un seul moine, ni une seule nonne, on n'aurait pas touché au salaire d'un seul curé. Ils ont eu trop à souffrir de l'intolérance des catholiques pour user des mêmes armes contre eux. Je hais, moi, tout ce qui me paraît une erreur philosophique, et le catholicisme est une erreur manifeste. S'il était la vérité, l'Europe qui était entièrement catholique, la serait encore et n'eût point versé des torrents de sang pour lui échapper. Je n'ai ni haine, ni fanatisme contre les catholiques. Il leur est permis d'être superstitieux, et *abêtis*, pourvu qu'ils ne forcent pas les autres d'être aussi abêtis qu'eux, d'abord par la parole, permis à tout le monde excepté quand ils sont au pouvoir, puis par le feu et le fer, ce qui est odieux et intolérable. Moi que M. Drumont appelle « un juif fanatique », je vais aussi bien à la Madeleine pour prier qu'au temple de la rue de la Victoire. Mon Dieu est partout et la vraie religion n'est nulle part. Je ne vois pas de différence entre un prêtre catholique jésuite et un rabbin esraïque et talmudique. L'un appelle Dieu Jésus, l'autre Adonaï, tous les deux de faux dieux, faiseurs de miracles, remetteurs de crimes, des dieux qui se repentent et qui changent d'avis, espèces de Jupiters célibataires, auxquels il ne manque pour être plus gais qu'une Junon et qu'une Vénus. La grande majorité des Juifs français, surtout les riches auxquels M. Drumont en veut avant les autres, loin d'être avec les athées, votent avec la réaction, les uns pour les républicains modérés, les autres mêmes pour les conservateurs monarchistes. Leur judaïsme, si mince qu'eux mêmes ne s'en aperçoivent pas, ne les distingue aucunement comme citoyens, ils sont de tous les partis. Il y en a même qui sont malhonnêtes, car je ne pense pas que M. Drumont revendique pour les catholiques un privilège de vices et de crimes comme pour l'ivrognerie; mais il y en a beaucoup moins, toute proportion gardée, que parmi les coréligionnaires de M. Drumont. Il est vrai que cela aussi, il le leur impute à crime. Les Juifs sont si rusés, qu'ils sont honnêtes par intérêt. Et si cela était ? Un grand philosophe chrétien a dit qu'il fallait faire son devoir, ne fût-ce que par égoïsme ! Plût à Dieu que tous les Français fussent égoïstes à ce point !

Quant aux ennemis des ultramontains catholiques que M. Drumont baptise juifs et qui tous font ouvertement profession d'athéisme, fils naturels du catholicisme, ils en sont les vengeurs et les rongeurs.

Mais, quoi ! Les a-t-on vus, comme jadis les catholiques, pénétrer dans les maisons, en chasser les habitants à coups de crosse et de sabre, confisquer leurs biens et baptiser de force les enfants, comme les catholiques l'ont fait aux protestants ? !

Les a-t-on vus appréhender des milliers de catholiques de tout sexe, les enfermer dans des rues étroites, sans air ni jour, qu'on appelait des ghettos, les forcer de porter sur le dos une marque, comme des moutons destinés à la boucherie, puis y pénétrer de temps en temps, pour les piller, pour livrer ces misérables habitations, de véritables écuries d'hommes, aux flammes et traîner les habitants blêmes, hommes, femmes et enfants, sur le bûcher, non sans les avoir préalablement livrés aux injures et aux sales quolibets de la populace catholique, comme les catholiques l'ont fait, durant des siècles, aux Juifs?! M. Drumont regrette de ne plus revoir en France, ce temps heureux comme en Espagne, du temps d'Isabelle la Catholique, une sainte, et en France du temps de Philippe le Bel et de Philippe-Auguste ; temps misérable que M. Drumont bombarde de bienheureux, mais en réalité un temps de pauvreté et de misère universelles, pour les rois aussi bien que pour les peuples, leurs malheureux sujets, quoique catholiques !

Et si on vous avait fait cela, on ne vous aurait rendu que la monnaie de votre pièce, selon le proverbe français. Mais rien de tout cela n'a été fait. On a expulsé quelques moines étrangers qui sont presque tous revenus.

On a renversé quelques exemplaires de votre Dieu de bois, d'or et de marbre, qui ressuscite facilement par des charpentiers et des sculpteurs ! Mais en tout vous n'avez pas à vous plaindre sérieusement. On vous mesure avec la même mesure que vous avez mesuré les autres; mesure qui, dans vos mains, si vous redeveniez les maîtres, deviendrait de nouveau non un mètre spirituel, mais un glaive de vengeance et d'intolérance matérielles.

XIX

Mais ce n'est point pour les choses faites que vous criez si haut. Comme les anguilles de Melun, vous criez, non pour avoir été écorché, mais de peur de l'être. Voici la vraie raison de l'antisémitisme moderne, prussien, russien et français.

On a vu que du temps de la Réforme les catholiques, imputant tous leurs malheurs à la Bible, sont tombés à bras raccourcis sur les Juifs.

Mais la Bible n'est pas que réformatrice, elle est aussi et avant tout socialiste. Non pas communiste comme l'Evangile (car Jésus fut un communiste enragé), mais socialiste, dans le meilleur sens du mot, en d'autres termes, forçant les riches, les forts, de faire leurs devoirs envers les pauvres, les faibles.

Moïse était le premier socialiste. Il sera aussi le dernier. « *A moi est toute la terre!* » dit Jéhovah à Moïse. Il lui ordonne donc de faire des lois *pour qu'il n'y ait pas de pauvres en Israël*, car la phrase sur la même page, phrase répétée par l'Evangile : « Il y aura toujours des pauvres parmi toi », n'est, ni ne saurait être de Moïse. Je crois même qu'elle n'est pas d'Esra non plus. Elle a été intercalée bien plus tard.

Et voici les mesures que Moïse a prises pour l'extinction de la pauvreté. Admirables pour son temps, elles seraient encore très efficaces pour les temps actuels.

Chaque propriétaire était forcé d'abandonner aux pauvres

un coin de son champ de blé et de vigne. Le Talmud fixe la mesure de ce coin assez considérable.

Il ne pouvait pas glaner. La glane appartenait de droit aux pauvres.

Tous les fruits de l'année septième de friche forcée appartenaient de droit aux pauvres.

Un dizième de toute fortune était prélevé par la loi, et ce dizième était destiné aux pauvres, aux Lévites et aux étrangers.

Tout intérêt sur l'argent était défendu. La loi sur l'intérêt a été changée deux fois dans le *Pentateuque*, d'abord par les Esraïstes, puis du temps de la monarchie. Mais ce qui est certain, c'est que Moïse a formellement défendu de prêter de l'argent à intérêt, car à plusieurs fois il répète, sous différentes formes, cette défense.

On le voit : du temps de Moïse on ne pouvait pas accuser les riches d'exploiter les pauvres.

La forme de ce socialisme doit changer selon les temps et les circonstances ; mais le fond, l'esprit, doit partout et toujours être transformé en loi.

Ainsi, moi qui suis Mosaïste, j'appliquerais sa loi, si j'étais seulement huit jours au pouvoir, *pour fonder un établissement d'invalides civils;* loi qui, en peu de temps, deviendrait universelle et européenne !

Quoi que l'on fasse pour mitiger la misère du travailleur pauvre, quelles que soient les mesures sociales qu'un gouvernement prendra en faveur du peuple, aucune société, aucun Etat, nulle nation n'aura ni une année de paix, ni un jour de sécurité assurée, à moins que le travailleur honnête, après soixante ans de travaux, après avoir rempli tous ses devoirs d'homme et de citoyen, ne soit garanti d'avoir un morceau de pain assuré pour sa vieillesse. Toutes les rapineries, toutes les malhonnêtetés des employés, toutes les grèves des ouvriers, tous les vols des domestiques disparaîtraient le jour où tout honnête homme, toute honnête femme seraient sûrs d'avoir une petite rente pour leurs vieux jours, après l'accomplissement de tous leurs devoirs envers Dieu et les humains.

Les catholiques, pendant des siècles et des siècles, n'ont absolument rien fait ni pour le pauvre, ni pour l'enfance, ni pour la vieillesse, ni pour les malades. Tous les établissements de bienfaisance datent de la Réforme. Les ladreries royales n'étaient que des bouges de séparation, nullement des hopitaux de guérison (1). C'est la Révolution française, revenant aux principes de Moïse, proclamant ses lois d'égalité, qui a commencé à s'occuper sérieusement de toutes les classes des faibles, tels que les enfants, les infirmes, les malades et les vieillards. L'instruction obligatoire est également une loi de Moïse; qu'il répète plusieurs fois.

(1) Puisque M. Drumont a cité des passages du *Talmud* qui doivent témoigner de notre haine envers les Gentils (passages que je n'ai jamais lus, moi, qui connais un peu le *Talmud*), je vais lui en citer deux qu'il peut vérifier. Les voici (*Traité Gittin*, 61 : « Il est de notre devoir de soutenir les pauvres des Gentils comme les nôtres, de guérir et de secourir leurs malades comme les nôtres, d'enterrer leurs morts comme les nôtres. » « Pourquoi, dit un rabbin (*Traité Succah*, 55), a-t-on sacrifié soixante-dix bœufs le jour de la fête des Tabernacles? Ce furent des sacrifices propitiatoires pour les soixante-dix nations étrangères, pour toutes les familles humaines ! »

Les Catholiques n'ont jamais soutenu nos pauvres avant Quatre-vingt neuf, et quant aux sacrifices, ils brûlaient les Juifs sur leurs autels expiatoires pour obtenir la rémission de leurs propres péchés.

La République actuelle a beaucoup fait pour l'enfance et les malades, mais elle n'a rien fait encore pour les *Invalides civils*, et, sans cette institution, tout ce que la société fait ressemble à un homme qui couperait les cors à une jambe pourrie. Le travailleur, pour peu qu'il ne dise pas « courte et bonne! » n'importe par quels moyens, est forcé de se priver de son salaire pour mettre quelques sous de côté pour ses vieux jours et, quand il a peiné, ahané et économisé pendant cinquante ans, en se privant de toute nourriture intellectuelle (à moins de se contenter du catéchisme de M. Drumont, encore faudra-t-il payer le catéchiseur), il place son argent tellement mal qu'un seul accident le ruine et le met sur la paille. Quoi d'étonnant qu'il devienne un révolutionnaire acharné, un anarchiste même! Le peuple d'aujourd'hui ressemble à Samson, qui de ses bras de fer ébranle les colonnes de l'édifice public pour s'enterrer dessous, mais avec tous les Philistins qui s'y abritent.

Voici donc ce que je ferais, si j'étais le maître.

Je prélèverais de toute fortune au-dessus de deux cent mille francs un dixième (le dixième de Moïse), pour former un fonds d'*Invalides civils* pour tous les Français, hommes et femmes, de soixante ans, sans fortune et ayant prouvé, par des témoignages certifiés, qu'ils ont accompli tous leurs devoirs d'homme et de citoyen par le travail envers la patrie et la société.

Celui qui essayerait de placer sa fortune à l'étranger, après la publication de cette loi, risquerait de voir confisquer tous ses biens. D'ailleurs, l'étranger imiterait, de gré ou de force, ma loi.

Avec ce fonds je rachèterais tous les chemins de fer au taux de la Bourse dont les bénéfices suffiraient, et au delà, pour assurer cinq cents francs de rente à tout invalide civil.

Ce fonds établi, je prélèverais une certaine somme de tout héritage au-dessus de cent mille francs, avant le partage entre les héritiers!

Ce serait non seulement la vie assurée aux travailleurs, mais la fortune assurée aux riches, fortune amoindrie, mais suffisante pour eux! Et ce serait fini à tout jamais de toute grève et de toute tentative de guerre civile par la haine entre le pauvre et le riche.

Bismarck et sa clique de hobereaux prussiens sentent bien d'où sort le socialisme qui détruirait non seulement les privilèges de la soi-disant noblesse, mais probablement aussi ceux de la royauté même. Ils ont donc inventé l'antisémitisme, non seulement pour détourner la haine du peuple en le lançant sur le Juif, mais pour ensabler et tarir les sources mosaïques mêmes d'où ce socialisme est sorti. Nous ne sommes plus Juifs ayant baptisé (et mal baptisé) les Gentils, leur ayant donné le peu de lois civilisatrices et humaines qu'ils possèdent, mais nous sommes *des Sémites*, une race ignoble et maudite, tandis qu'eux sont des Aryens, une race noble et bénie! En d'autres termes, nous sommes venus au monde tout sellés et bridés, et eux tout éperonnés et harnachés pour monter sur nous, et hue, animal!

XX

Mais, en France, l'antisémitisme a encore un autre but. M. Drumont conseille au peuple, tout athée qu'il est, d'aller piller les caisses des Rothschild pour en former un trésor national. Niaiserie catholique ! La grande fortune moderne consiste en titres mobiliers, en paperasses, n'ayant qu'une valeur fictive, basée sur l'ordre, la confiance, la liberté et l'égalité ! Qu'on touche à cette base et toute cette fortune disparaîtrait comme par le coup de baguette d'une fée malfaisante. Qu'on pille les valeurs mobilières chez les Rothschild, ces papiers, dès qu'ils seront touchés par les mains maudites des pilleurs, n'auront plus la moindre valeur, ni en France, ni à l'étranger. Il en serait de même de leurs œuvres d'art et de leurs bibelots qu'ils possèdent. Des tableaux payés un million, après une révolution pareille, ne vaudraient plus cent francs. Ils seraient, du reste, détruits. Qu'est-ce qui resterait donc des dépouilles juives aux amis de Drumont? Quelques châteaux, qu'on brûlerait, et quelques arpents de terre ! Beau trésor !

Mais il existe des Rothschild catholiques qui ont des milliards de fortune en terre de main-morte. Cette immense fortune n'a été acquise et réacquise que pour soutenir le Roi étranger et ses ministres chefs, les Jésuites. Les couvents en

France, depuis le premier Empire, outre leur fortune mobilière, possèdent plus d'un tiers du sol français. En Alsace, avant la guerre, ils ont réacquis toutes les terres qu'ils possédaient avant Quatre-vingt-neuf. On m'a assuré qu'il en est ainsi dans tous les départements.

Depuis l'établissement de la République, ils ont peur, non d'être expulsés, ils trouveront toujours les moyens de rentrer par quelque ouverture ou brèche, mais d'être expropriés sans indemnité ! Pour détourner le peuple de piller leur caisse, à eux, ils lui montrent la caisse des Juifs, en lui criant, en singeant le mot de Gambetta : « *Voilà l'ennemi !* Vous n'en avez point d'autre en France ! »

Et comme les Juifs n'ont ni armée ni pouvoir public pour les défendre, ces antisémites espèrent, non sans quelque raison, que le peuple, assez bête, commencerait par les Juifs, sans compter qu'après cette anarchie vaincue et souillée dans le sang, ils espèrent revenir au pouvoir, et alors gare à tous leurs auxiliaires de la veille !

Ce n'est point pour sauver leur foi que les antisémites crient : « Sus aux Juifs ! » mais pour sauver leur caisse.

Réussiront-ils ? J'en doute ! Leurs mèches sont éventées. Mais ils oublient que si jamais ils devaient, à leur tour, devenir les victimes de la violence populaire, on n'aurait qu'à leur citer les mots de la Bible : « Quiconque creuse une tombe à son prochain y tombera lui-même le premier. »

Le *Midrash Echah* (8e partie) raconte l'anecdote qui suit :

« Un Juif passant devant Adrien le salua. — Qui êtes-vous ? lui demanda l'Empereur. — Je suis Juif, lui répondit celui-ci. — Comment ! Juif ! Et tu oses saluer l'Empereur en pleine rue ?

Qu'on lui coupe la tête ! Un autre Juif, instruit par cet exemple, passa devant l'Empereur et s'éclipsa sans le saluer. — Qui êtes-vous ? lui demanda encore Adrien. — Un Juif ! répondit celui-ci en tremblant. — Et tu oses passer devant l'Empereur sans le saluer ? Qu'on lui coupe la tête ! Les conseillers de l'Empereur, confondus, lui firent quelques observations sur cette inconséquence. — Silence ! dit l'Empereur. Pas un mot de plus ! Qui ose me dire ce que je dois faire quand je veux me venger de ceux que je hais ? »

L'antisémitisme n'a pas d'autres raisons à donner pour sa haine du juif. Qu'on lui coupe la tête ! mais qu'on n'oublie pas de lui piller sa caisse ! De fait, le juif n'a qu'une réponse à toutes ces attaques, et c'est la meilleure. *Il vit, il survit.* Vous pouvez piller et tuer tous les Juifs, à commencer par moi ! Vous ne tuerez pas le Jéhovah de Moïse et sa justice. Il a survécu à Baal, à Ormuzd, à Jupiter, il survivra à Jésus ; à tous les faux dieux de la terre et de toutes les nations !

Il n'y a pas d'autre Dieu que le Jéhovah de Moïse (non pas celui d'Esra) ! « Tel est mon nom, dit-il, et tel sera mon souvenir pour toute éternité ! » Et il n'y a pas, il n'y aura pas d'autre Messie que Moïse ! En hébreu, Moïse s'appelle *Moché*, et le Messie, *Mochiach*. Ce n'est point un simple hasard.

Apion, un antisémite égyptien, vivant à Alexandrie du temps de l'historien Josèphe, a écrit un horrible pamphlet contre les Juifs, plein de mensonges, de calomnies et d'infamies. Josèphe lui a répondu. Du pamphlet d'Apion et d'Apion lui-même il ne reste pas une trace. On apprend seulement par Josèphe, qu'après avoir déblatéré contre la circoncision, et lui étant venu un cancer dans ces parties, les médecins le forcèrent, non sans une longue résistance, de se soumettre à cette opération, ce qui ne l'a pas empêché d'en mourir. *Sans Josèphe, pas un mortel ne connaîtrait le nom d'Apion.*

J'ai bien peur, mon pauvre Monsieur Drumont, que vous ne soyez mon Apion.

ALEXANDRE WEILL.

Paris. — Soc. d'Imp. PAUL DUPONT (Cl.) 408.5.86.

DU MÊME AUTEUR

Vient de paraître :

VIE, DOCTRINE ET GOUVERNEMENT AUTHENTIQUES DE MOÏSE.

D'après les textes hébraïques de la Bible *jusqu'à ce jour complètement incompris.*

DERNIER FASCICULE DU PENTATEUQUE SELON MOÏSE ET DU PENTATEUQUE SELON ESRA, 3 francs.

Les Trois fascicules réunis, 7 fr. 50 c.

Chez Félix Alcan, *108, Boulevard Saint-Germain, à Paris.*

Paris. — Soc. d'imprimerie PAUL DUPONT (Cl.) 408 *bis*.B.86.

www.ingramcontent.com/pod-product-compliance
Lightning Source LLC
LaVergne TN
LVHW020433230826
846091LV00004B/1483

* 9 7 8 2 0 1 6 1 1 3 1 4 1 *